# 明清科考墨卷集

第三十二冊

卷九十四
卷九十五
卷九十六

林祖藻 主編

LITERARY TIMES
蘭臺出版社

第三十二冊　卷九十四

# 與其弟辛

秀水軒集

卓忠襟

誌時人之所與異乎異端之有徒也夫辛既為相之弟固相所當與者也與弟同為良之徒不大異乎許行之所與哉且人非無所與之患也有所與而不知所當與之患使與非所與雖數十人不足見同心之益也與所當與即一二人亦可聯同志之明也況同姓本出於同氣斯同道更合為同方則其所與之人以傳其所與之人之名亦以傳如陳相之有弟是知相為良之徒則相之所與者不皆為良之徒哉同堂講習之下請業者有人請益者有人相茍與之追隨函丈則倡予和女豈專屬夫伯仲之班及門受業之餘析疑者有人辨難者有人相茍與之周

旋几席則聲應氣求豈獨在於壎篪之列相有弟亦祇成相之弟而已而何必誌之曰其弟而何必誌之曰與其弟亦何必誌之曰與其弟辛哉吾於是有感矣寂寂天壤之間旣生相以為之兄復生辛以為之將先聖有知應亦歎斯文之不喪矣而錫名有常典豈有纂夫商之祖辛殷之廩辛而以干為名擾擾人寰之中相得辛以為弟而辛、、得相以為與陳良有知應亦幸吾道之有傳矣而命字雖無聞豈有鑿夫晉之賈辛楚之鬬辛而以象取字古之人有以弟而掩其兄者矣闕里著麟書之瑞而孟皮雖享遐齡終難媲達人之美茲也相與辛並傳而在辛雖有令聞當不至掩及其兄古之人有以兄而累其弟者矣東山興狼跋之歌而家相雖多材藝終難免不智之譏茲也辛與相並著而在相繼之賢聲亦何至累及其弟吾於是為相幸矣常棣作而既翕有懷杕杜咏而獨行致慨豈無他人何如同父乎而相之所與者何幸有其弟也洙泗群英於顏氏而八人矣公西而三人矣相何難媲美於前哉吾於是又為相之弟幸矣君陳恭石載籍誌其名張仲友而風詩歌其姓惟兄及弟相得益彰而辛之所與者何幸因相而著其為辛也杏壇宏樂育德行則冉氏列其二矣學禮而孟氏來其偶矣相不且聿追其弋哉而孰知負耒耜而至嘅也相與之棄陳良而學許行也亦相與之哉則辛固何樂有如相誠大誤其弟矣

不支不蔓有筆有書足見邃養功深

# 飽食終日

雲南沈學院歲入
保山縣學一名　程宋儁

日力之宜惜也、當不徒以飽食終已、夫食非不宜飽、而日則易終也、飽食終日、肯其不負此日、否嘗思明而動晦而休、天之有日正所以鼓羣材之心、自其無窮而觀之、悠悠者猶多可待、而自其有盡而觀之、洵洵者皆不淹時、于其中誠得俯仰覽然褒殘給尺亦甚覺良長之不再得也已、蓋最易逝者日也哉、而一日即休而百年幾老、乃見少壯幾歎、光陰之如非矣、而皆此日之所為催故以難得者日也、去不可追、來亦向可恃、入世而茶悔客直悵暇豫之時少矣、惟此日之不我假、不一日之不可安能、而終也明

近科考卷雅正集

矣有如飽食終日各異者晨昏之候而其移之默運皆無一息到然已矩
之待人深其運而陰柔退矣偃息方休陽明升矣大機勃發焉幾
終日不食乎而亦未免過甚也夫天造終一日之運而晨昏不恒
二比安頓題面
生人終一日之需則晨昏亦難缺匪不必因日而廢也甚是者
朝夕之期而化機之密移條無絲貫之也人乘其氣而雞既鳴矣
擯而對日之對景而嗟特毋食無求飽乎而亦未免太執
也夫天化然日之幾而朝夕無間生人終一日之養則朝夕亦
二比暗龍難奏淺意適起下之當
宜充更不必因日而忘飽也必膏粱而飽與不必膏粱而飽同
用也而所以飽者不同領茲之飽猶是膏粱而飽之時也是今之日

非天之恣我以飽正天之寬我以日也聽晝漏之未闌詢[illegible][illegible]其[illegible]

後而終者已當食而喜之食與食不甘味之食々同也而其于食

也不同須今之食猶屬當食而喜之會也則今之卜非天之恭我

以食正飲之迫以日也瞇斜曛之將及肯恐其倏忽而終老已

芸生共此日而名[illegible]過隙之駒[illegible]日為我之所得私々之已而自

二句逼下更緊

有以至也若抄分程之亦當苦其不足斯即不[illegible][illegible][illegible]之知寸晷

之雖俗病眾[illegible]飽而或為宇宙之蠹是食原非我之所育[illegible]食

非浮而自[illegible]然以至夕勝式食庶幾但常恨其無餘縱克日有[illegible]

享猶饜撫[illegible]之多負奈何每食必[illegible]

坐食終日

側串十分、斑倒痠弄。手敏副其心耳。程諒倫

若云終日一律然飽食。則是直將無所用心心、否矣。重看之口氣

不可一無隱然之、餘食者嘗有所事。反逼甚緊。題界亦復為象透

清。張嵘中

禽獸偪人　堯獨憂之　　錢選集　李念孫

中國厲民之患起古帝勞心之局開焉夫禽獸胡可偪人況蹄跡已交中國乎此堯之憂所以先創於獨耳且天生大人凡以為人也至有時人困於物則物患將欲肆其災者君心勢不能自居於豫迨至患之迭起者愈迫而愈危則心之思艱者愈孤而愈亟蓋千古厲民之局莫甚於此即千古勞心之局亦莫先於此以繁殖之禽獸而重以五穀不登斯時中國之人所仰命者獨有一堯耳而終無如禽獸何也蓋勢已偪甚網罟畋漁之利上古創其制者習久竟不効其靈醜族滋多縱屢避其鋒而侵陵特甚人不能制物物遂得制人堯勢難以獨處深宮謝天

下以無事飲茹寢處之風平時習為常者一旦竟狎遭其變蔓延難制縱暫殺其勢而殲類彌難物可以乘人人未能乘物堯又難以獨高端拱飾天下以乂安蓋偪人之患起大人之勞心已有事矣而或者猶謗曰冀州之域距水三面雖貢稱皮服或與織文狐貉並滋物產於西陲而大陸平原實未聞密林淵藪之奧意者榛狉所遂中國或可濬其突且窮奇之族投禦四裔刋境屬神州不過龍篆馬圖可稽文字於掌故而授時分命亦傳氄毛因革之詞意者迒迹所加中國尚未親其毒而抑知獸蹄鳥跡之道已交中國哉堯於是勞堯於是憂矣且夫猶是憂而堯萃於獨也曷故橫流日甚矣人競以力爭而生陵居而羅櫓居而射制禽獸之命而乃以得命中國皆不及憂矣中國

不及憂而堯獨憂之光被幾難彌其量也偪人者日見其有餘謀人者日虞其不足殫思竭慮直以禽獸厲危微精一之操繁殖愈滋矣人競以智巧相免避林而聚避麓而都遠禽獸之居而乃以奠居中國已不勝憂矣中國不勝憂而堯獨憂之疇咨未易分其責也偪人者方興而未艾圖人者欲謝而無由併志專心遂因禽獸鬨吁咈都俞之局舉舜敷治堯之憂分偪人之患庶少息矣夫禽獸何物中國何地而顧相偪若此哉此大人之所以勞心也

運筆挺銳中二偶巔翻善取機勢

禽獸偪人　而焚之

匯海集　林元賡

且仁民者不廢愛物夫使物果與人無忤則人亦可與物無爭乃物有凌人之勢異其類儼欲同其羣斯人有制物之權濟以寬不如服以猛顧物得所憑即人難為力矣而古聖帝登崇之意殷焉而古賢臣秉畀之功亦懋焉五穀之不登由草木暢茂禽獸繁殖故夫禽獸之繁殖以草木為之庇也草木之暢茂以山澤為之區也則非於山澤廓而清之究不能即草木芟而盡之而禽獸之憑據其中者其偪人也亦固其所物性每樂於遠人塵寢皮食肉之虞甘藏巖穴乃自狂鬭莫攖舊藪牢沒於懷襄不得不盤踞高原而並域相爭臨以毒矢強弓而不畏物情恆明於擇居其藏密出入

深之智甘處遐荒乃自巨浸為災下民半移於巢窟遂敢於潛居沃壤而呼羣聚處居然榛叢走壙之相安偪人如是洪水時之中國一獸蹄鳥跡之中國也顧鳥獸肆虐在中國而憑居在山澤欲為中國消宄頑之餘當為山澤清淵藪之區蓋當瀹災洒沈之後川藪可籍生林即羽毛可資作貢消其害斯足享其利而舟鮫鹿衡之職堪設專司而當濬源刋旅之前人禽必辨其界即原隰必闢其塗正以義不啻育以仁而祝融同祿之靈可資彼相使益掌火舜使之實堯使之蓋舉舜敷治者堯也益承舜使而紓堯憂其於山澤能不烈而焚之哉謂禹貢言山四十有五言澤一十有二即一炬遽加威燀恐難以遍達而益不敢憚其勞者誠以羣生凶狡多恃窟宅以為安必焚之以奪所恃焉其地自東南以及西北

俾上炎得逞其威。其時避雨露而恃風霜，俾攸灼得張其燄，且不
惟凶狡者奪所恃，而川陵盡歸燒薙，即欃槍無慮阻撓，則閼伯固
足敵波臣之勢也。方其烈燄上騰，儼與景星慶雲而俱爛，而營巖
橧巢之罪，奚庸警火備而塗其垣墉。謂帝世在山鳳足呈祥，在澤
龍嘗獻瑞，倘燎原旁及，玉石亦慮其無分，而益不及區其類者，誠
以物性冥頑，多藏巖谷，以自固必焚之，以發其藏焉。以火正濟刑
官之窮，不愧庭堅之肖子；以虞衡奏司爟之職，足為炎帝之功臣。
發其藏而榛莽盡付芟夷，即湍流無虞窒塞，則就
迤方其燄攸具，舉可借熊羆貅虎以宣勞而
沱奚事修火禁而徇以木鐸，而偪人者逃匿焉。

禽獸偪人　則近於禽獸

長揩編　劉宗敏

物害而人復自害可以觀勞心之主矣夫禽獸之為害偪人已甚況又自近之勞心者復何如耶且大人之勞心凡以為人也物與人爭道而天下之患在物人與物同道而天下之患在人此唐虞之大人所以惕然于洪水未平之先而猶不能釋然於洪水既平之後也當堯之時洪水汜濫帝王之中國不啻禽獸之中國也而禽獸遂近人而偪人聖人憂焉何則禽獸者不必衣人之衣而能食人之食不特食人之食而且居人之居是能助水而為虐于人者也聖人愛人不敢愛禽獸不愛禽獸即不敢愛山澤向非赫然一炬菑翳除而徑路闢雖經八年三過安

所施其疏瀹決排之力而後此之教稼者亦無從奏庶艱食也
自堯舉舜敷治舜使益與禹以共襄乃治而後禽獸治水亦次
第治禽獸自是不敢偪人遂稍稍與人遠不與人近且夫水與
火有相濟之功以火勝水而水之害乃除土與木有相剋之理
以木乘土而土之利乃興帝曰咨黎民阻飢汝后稷播時百穀
稼穡之教興而後中國可得而食夫乃知向之必致禽獸于死
地者為生人之大命所關也而孰料人之出於禽獸者復入于
禽獸哉蓋物類之禽獸不過依山阻澤故自掌火有命治水必
先治禽獸而禽獸之逃匿者遠矣人心之禽獸惟知飽食煖衣
雖播穀有司育民不啻育禽獸而禽獸之逃匿者又近矣是洪
水未平之天下人不欲近禽獸而禽獸實偪人而近洪水既平

之天下禽獸不偪人而人自與禽獸近當其偪不過禽獸與人爭道耳至于近直使人與禽獸同道矣尚復成人之有道哉此無他不教故也設以許子處此惟知力耕自給聽其偪者偪近者近不且胥天下之人而禽獸於神農氏之教耶此堯舜諸聖人所以惕然于洪水未平之先而仍不能釋然于洪水既平之後也

項宮詹作警刻極矣此則警刻中兼以雄渾勝直欲突過前人

頌其詩讀其書不知其人可乎　王步青

詩書之內有傳人知之所宜亟也夫其詩其書即其人所由以傳也而在尚論者之心則僅知其人為亟矣可因吾頌讀焉已乎且人情莫樂于相知是故或千里而命駕或里巷而不相聞無拂知與不知異也頎士當交滿天下之日所稱相見恨晚者豈徒在衣冠謦欬之末哉夫亦以人之相知貴相知心苟徒然者雖握手贈言其於交善之數猶無當也而況進而尚論古之人乎古人往矣古人以前有古人益又往矣茫茫百感無端交集于學士之心胸而古之人所得豁然出以溯不者亦復何有也然而其詩固在也其書固在也我言古

猶似别肯恰得正脉

便為世字埋

之業

有其人乃

有其詩有其書而為其出乎理為順下

人遠矣古人之去古人尚久遠矣遠之千載後尚相望于宇宙之遷

從古人之豈有知己爲然誦讀[illegible]有[illegible]千古不字

流而古之人得一知已可以不恨者諒有同心也然而其詩在誰弗

可乎發得與眾醒

之頌也其書在誰弗之讀也蓋古之人以詩書而傳亦每以詩書而

晦而後人之欲知古之人也以頌讀而得其概亦轉以頌讀而失其

真必曰詩之夫愚則將舍其詩以求其人而弗頌焉不可也將頌之

停雲在天

矣怨焉意為之徘怨焉神焉之傷以彼其人夫孰非當年之善士歟

[illegible]正面但說誦讀沉吟出之

胡然自有其詩而一唱三嘆翻難盡白予異日之撰策而長吟者豈必

姜[illegible]

曰昔之失諷則將舍其書以求其人而弗讀焉不可也乃讀之矣時

而畢然焉望時而黯然徘徊以彼其人夫豈惟代　古士歟胡然

頌其詩讀其書不知其人可乎（孟子）　王步青

自有其書而記言記動斷或無辭于後人之憾而直欲推知其人則其詩其書皆至情至行之所留將不啻古人之走後同揆者一旦別有會心之賞而在吾亦慶之遐思亦自覺肆然其無憾而不知其人則頌之讀之特殘編斷簡之所傳猶然存古人之百世以俟者不終患無心知之士而以尚未逢之愫乃自覺攀焉其難俾一夫童而習之句者從然鄉國之士所羨稱也況以交滿天下者固將極友善之量而所與唱酬同科非惟理所不可安抑亦情所不可受故自非論世矣以上下古今抗言尚友也

蘊芬自賞想見名士風流　擬蔚州先生

平日嗜奇好古之意。紬繹而出。不欲以一絲含諸為快。惇棱悵然。沉吟久坐。其思周是不群。三其字嫁成一片采流。頌讀者真乃浪費煙墨。

頌其詩

巫

# 鄒與魯鬨

有來歷

稍之春秋邾魯之連兵數矣自升陘之戰而魯猶積怨于邾傳至戰國改號為鄒宜其釋怨息爭以玉帛相見而不以兵戎也即使魯國誅求悉索附庸而鄒亦當講信修睦克盡以小事大之義不謂蠢茲弱小宗國為仇而與兵構怨欲逞志于魯復有鄒與魯鬨一事君子謂不度德不量力矣試論之夫鄒為陸終之後僻處句繹儀父來朝見美魯史後嗣子孫修好睦鄰上之尊賢敬士修德勵俗以為創業垂統之計次之畏天之威保國寧民以偏安于一隅即不然繕甲兵卒乘以為應敵之舉更不然築斯城鑿斯池以為固守之謀何為

照五于 映末節

說鄭之多事

亡鄰強鄰稱兵于魯哉夫魯自僖公伐楚以來公車千乘公徒三萬衍強國焉鄭何計之拙而與爭雄哉夫戰而曰闕固非若聲罪致討師出有名者矣始則兩軍相攻繼則枝戟相撐兵刃接而勝負分有不兩立之勢矣使鄭戰而捷則小能敵大弱能敵強魚門之懸復見

以反章過下

今日非鄭之得計哉然鄭之君若臣亦聞梁譚之滅于齊乎虞虢之覆于晉乎江黃不義之僂于楚乎絞國雖堅難免採樵之禍偪陽雖勇難支矢石之加而何為與魯鬬乎兵端開于鄭小不事大宜其兵挫地削殃及有司其自取也夫

布局緊用筆勁古色蒼然

鄒與魯閧　全章　蔣拭之

鄒民之不救有司、非民之罪也、益有司不能救民之死、而民即以不救者反之、則當亟行仁政耳、而于民乎何尤、且國君有牧民之責、而必簡有司之良以撫字之、此固為長上者之分誼則然、非徒曰我不忍仁于民、而民亦將遲志于我也、然而天道之往復、人情之報施、則亦有禀然可畏者、鄒小國也、與魯接壤、非有爭城掠地之戰也、聚衆譁然此遐一閧、而嚴乃有司之死者至乎三十三人、而民無一焉、然則有司之死、誰死之、民死之也、民何以死之、曰疾視而不救也、嗚呼、夫有司獨非長上哉、何民之忍心若此、繆公欲起而誅之、固宜、雖然、公

但知有司之死于民而亦知民之死于有司乎公但見有司之死于
轉得透快
民者三十三人而亦見民之死于有司者幾千人乎夫鄒政繁賦重
又數被凶荒所賴有司者為民請命于君一甦其困耳乃在下者極
展轉流亡之慘在下者享倉廩府庫之安而有司亦泄泄然袖乎旁
觀不聞出一言以救之彼民之痛心疾首于有司也非一日矣而今
悽利
乃得假手于魯焉是民之死于有司者非歲也即兵也有司之死于
民者非刃也即政也出乎爾反乎爾此固情勢之必然者然則有司
之死誰死之有司自死之也而君其為民尤乎哉且君亦安得而尤
奇警
民也倉廩之實孰令實之府庫之充孰令充之君實不仁而殘民以

遲至使民隱不敢上聞以重有司之罪以速有司之亡則民之死于

側併到君身上去

有司者君命之出而有司之死于民者君迫之反也當此衆叛親離

不思修行仁政猶欲強死散未盡之餘生責以親上死長之義吾恐

此三十三人者尚不足償幾千人之積怨深憤也鄒魯擊柝相聞倘

有乘間而入君亦難乎其為長上哉

議論風發而泉湧　黃天授

鄒與魯

五十

八

明清科考墨卷集

第三十二冊　卷九十四

鳳兮鳳兮

紫陽 沈有鈞 夏石

以鳳擬聖歌而諷矣甚矣鳥之有鳳不世出也楚狂欲以比孔子故長言之乃歌曰聖王御宇君明臣良巡行鸞輅超虞軼唐人固欽乎首出物羣羨乎當陽有鳥高飛和鳴鏘鏘亦集爰止于彼高岡言念及此每低徊而不忍去亦瞻顧而不能忘晉竊有感於鳳矣鳳居四靈之一備五德呈六瑞著九苞不同乎籓籬之鷃不同乎歸飛之鸞鳳為群鳥並從非梧桐不棲非竹實不食非醴泉不飲不同乎喬木之鶯不同乎山梁之雉鳳兮爾不嘗巢於阿閣兮人無夭札物無疵癘治 於以徵大同兮鳳兮爾不嘗儀於帝廷

兮六府孔修三壤咸則平成於以及萬世兮鳳兮岐山之鳴都豐
時兮六州向化八百歸心雝雝喈喈呈其瑞兮鳳兮紫廷之翔遷
鎬時兮治定制禮功成作樂戢飛載止昭其盛兮若夫衡山之陽
非郊藪兮薾芷之旁多枳棘兮鳳何為而過此兮況乎缺古之音
非友聲兮迷陽之草不莘蔓兮鳳何為而下止兮出於其類拔乎
其萃鳳固為飛鳥之靈絕乎雲霓負乎蒼天鳳又為羽蟲之長奈
之何嗟我生之不辰兮嘆日莫而途窮果大道之莫容兮盍鑿乎
知其所止者之深入乎林中
逸致翩翩隆萬人絕妙小品顧子嶔

清新俊逸雅韻欲流如月下聽簫松下聽琴山中聽梵唄澗邊聽瀑布迥非凡響　沈少潭

鳳兮鳳　沈

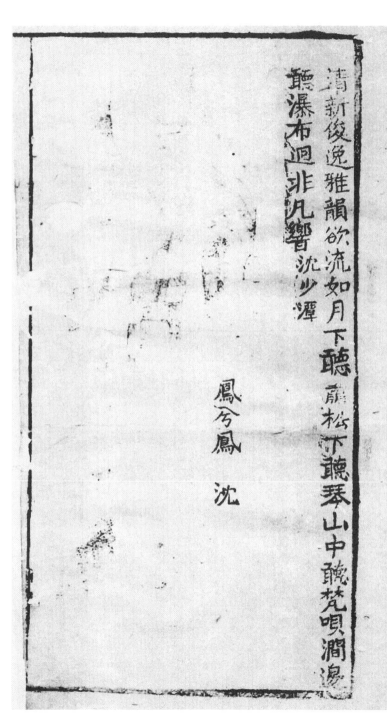

鳳凰之於飛鳥　呂葆中 無黨

翔千仞之上者亦與羣鳥並舉焉夫鳳凰翔於千仞則百鳥不得而干之矣然而可得並舉者豈亦猶麒麟之於獸然乎有肖之意者曰吾人欲創為宏議以震聾千百世之人此其識不可以不一也而論不可以不廣也識不一則吾之說不尊論不廣則吾之說亦不明是故以言乎識之一則彼民者且不足言也而以言乎論之廣則吾可因民而及於物并可因一物而及於羣物則又豈惟麒麟然哉夫麒麟之為物一咏於詩而得其趾復得其角其以若與麕豕之倫可貌肖者

借人主句入六恒添耳而此独出奇致

俱以巧思生姿矣

此無他焉附也而行其亦近也然人不高飛而絕跡者乎一著於春

秋而西有其地狩不其華其物若在藩籬之間可馴狎者此無他焉本地觀下其蹤迹也然不有遠舉而遺世者乎吾是以因麒麟而及於鳳凰因走獸而及於飛鳥且因麒麟之於走獸而更及鳳凰之於

（運○用○皆○見○風○流）

飛鳥古者以九扈紀官而鳳凰亦分職焉然自孟舒來國之後而膺仁皆義者久矣高翔於天表矣乃今之人舉其羽則曰鸞鸞似其声

（之○于○上○下○以○忽○沒○帶○出○飛○動○可○書）

則曰喈喈若有以確信其形似者信之於鳳凰乎亦信之于飛鳥而已抑昔人使雄鳴鳴遊而鳳凰亦先駕焉然自雲氏夫官以來而九苞丞采者久矣絕影於寰間矣乃今之人問其所食則曰必竹實是究問其所棲則曰必梧桐是止又若有以深得其性情者得之于鳳

凰乎亦淂之於飛鳥而已故夫百鳥之啁噍也騰躍而上數仞而下耳設告之曰青雲之上有鳳鳥其往從之則非鵪鶉之所能也然飛鳥雖不能近於鳳凰而鳳凰未必不降於飛鳥一日者翩然下之而枋榆林薄之間吾不知何以處夫鳳凰焉耳且夫衆羽之弁飛也擇木以息一枝而安耳設語之曰廣莫之間有鳳鳥焉往覡乎則非燕雀之所志也然飛鳥之於鳳凰似覺無情而鳳凰之於飛鳥未必無意一旦者賁然來思而稻粱蓬藋之餘吾不知何以處夫鳳凰而更何以處夫飛鳥焉耳蓋生於丹山之穴與處雖覺其不同而啄夫白粒之餘臭味畧以多相似無他亦各從其類而已矣

逸趣四出矣題如丸

古博猶非所難〻思妙緒疑其間有心手原評
之於二字中藏下文活句纔以議論形之視彼挑剔虛机穴猶鴟
嚇鷃笑耳

# 詩

曹士錦

詩教之切于人也雅言所必及矣蓋不通乎詩無以理情性也故子之雅言者詩其一云且學者之所稟不必盡中和也乃一登洙泗之堂而温柔敦厚之致油然可風者是遵何道而得此今而知其道自夫子雅言中來矣雅言維何其一在詩今夫古人之作詩也悉本乎性情之正國風好色而不淫小雅怨誹而不亂篇章所載夫孰非以懲以勸之端故夫今人之學詩也咸盡乎情性之理其文足論而不息其聲足樂而不流謳吟所及夫孰非為感為興之藉特是詩之失愚苟時觀弗語而期其自得則暮誦朝絃未免

從學者逆遡聖教上下俱截住

經對史

開合引入雅言

應試小品觀　論語

拘牽之失而詩以達意唯引伸觸類以宣其義蘊斯相悅以解不（史對經）

貽面墻之憂是故溫恭之詩子為成仁言矣仰止之詩子為嚮道（搬演言詩題面字字有來歷）

言矣既醉之詩子為主敬言矣凡所以治人義理之性者不徒魯

頌之一辭也秉穗之詩子不為好利言乎周行之詩子不為私惠（考詞熟班絕不雜）

言乎伐柯之詩子不為防淫言乎凡所以正人嗜慾之情者何獨（題後充拓無微不匝）

周南之首篇也雖笙詩無文而白華南陔猶闡其大旨逸詩不錄

而素絢唐棣猶正其指歸況四始六義之班班可考者也所以當

日者一堂講習半屬騷人之遺意民勞為雅變而繁霜十月錄危

語以致警株林為風終而宛邱月出載淫詞以示懲況明堂清廟

之雖之可聽者也是以當日者諸生肆業不愧儒雅之風流蓋鄭聲宜放衹為治法言也乃若本無邪之旨而並及貞淫即扶蘇蔓（醒言字曲鬯其旨）草之什亦揚花而弗遺自鄶無幾亦為政俗言也乃若備勸戒之意而並陳正變舉維鶉鴟鴞之篇亦斷章而取義思昔先王之教弦誦多行于春夏而吾夫子無心之指示無在非長于風者固無擇于寒暑晦明爾抑聲歌各視夫性術而吾夫子隨機之引導無（韓文対史）在非正而葩者又無問其宜風宜頌爾由是而吾黨之士多深于詩矣

略一手鬆一篇學詩套話誰不採華藻紙愚嘗論易題必須難

做者。即寬題走窄路之謂也。限定雅言。網羅群思。總不出單微一線。精于認題。方能出人頭地。不得不爾。豈好爲苟難。

邵庸濟

詩曰不素餐兮 一章　儲欣

以素餐疑君子所見者小也夫詩以不素餐美君子耳非以耕而食為不素也耕而食亦小矣丑且以其狀而後可與言詩也欣嘗謂食之為言報也耕者之報力田而逢年是已不耕者之報大意以養賢（原批標小大之旨）是已二者不同其報一也自天下有無勞之奉乎其報而莫知所由（倘其用末詩君子二字）而素餐之說由此起焉魏之詩曰不素餐兮美君子也曷為乎美君（恰怙合題串君子）子以刺貪也當是時伐檀而置諸河之干者非君子乎不稼不穡而（詩序謂首章三句以君子不）取禾三百者非貪位之小人乎詩人以為夫夫也家莫為鍾而于君（得進仕者後四句刺在位貪鄙者也）固無尺寸之補是誠小人也宜展四體以從稼穡者也知之何不耕

而食也若乃不耕而食惟君子宜之爾坎坎伐檀不自暇逸也河水（奈○然○自○對○餘○答○語○亦○止○設○詩○條○論）清漣倚時也以不自曠從之身倚時之清而大有造乎國君子何爲乎食哉此不素餐意也公孫丑乃援之以諷切君子豈惟不知君子哉抑亦闇于詩矣孟子曰丑之闇于詩也惜也（娶○姑）丑未知君子也夫君子之居人國而適偶焉已耶（贅選）不見夫君用之則致乎安弟從之則又致乎不見夫致在君則爲安富尊榮致在乎弟則爲孝弟忠信乎如是（以轉筆作寫來一分至峽）而交人之簽以代其耕素耶不素耶即且素不素無論之有有不耕而（嘉○爲○自○雅○雅）素者有耕而素者有耕而不素者有不耕而不素者一不耕而素即詩所刺之小人也爾闔爲爾國慮矣藉令君子而有還乎十畝之閒思（婉○乎○翩○蓋）

上下何頼欲不謂之素焉不得也非素未始有定也耕而不素亦詩
所刺之小人也彼而業免而然矣有如君子而穡視夫懸庭之特非
撫己何斷欲不謂之不素焉不得也是不素亦未始有定也小人之
素在不耕而君子之素反在乎耕小人以耕而不素而君子則以不
耕而不素孰大孰小必有能辨之者矣且夫詩不可以狗文而奪義
必當深求其意焉伐檀者致意之辭也彼以為真以疾禮自食其力歟
夫亦承殺先王之風力行古人之道免焉日有孜孜如伐檀之不自
暇逸而已若此者凡以待國君之求而移風易俗以成太平之治今之
君子亦猶是也而乃顧以為譏耶

本朝

直齋綠圻韓鄉亭以後大家未必有此蒙橫也。其得解搖在未二句。昔人謂孟子之學。深于詩書。本章即孟子說詩處。文特宗孟子說詩。旦為偏獨毛鄭者。誤矣。原批

看得兩個不素餐自一。丑之所疑自二。善說詩處即是善讀孟子處。真不啻鑵緩交窮奇語一葉。南軒謂伐檀之詩非以欲君子稼穡而後食也。公孫丑以不耕為素餐。其為詩也亦固矣。故孟子答以不素餐之大者。文約此本此。原批所謂不偏獨毛鄭者也。

詩云不　諸欣

詩曰妻子好合　節　　狄億

卑邇非易也、為引詩以明之焉、夫道之必自乎此者、以所難之獨在乎此也、觀詩之言宜言樂而後知妻子兄弟之難、令夫詳之不勝詳者。君子之道之所自也。然而其意可衆也。我思道所造端不越夫婦之間、而大聖人所歎為未能者（何排此句析州未得）亦未始不在兄弟之際、試即二者以觀邇可乎。天下之大而與我、戚而處者此也。其關已甚使二者一相失焉、即戚然不至爾之地矣。古之窮而處此者莫甚無人也。一家之內而與我、違相班者此也。其卑已甚使二者然一失焉乃寬然于至卑之塗矣。古之慕而言之者猶傳其詩也。昔者周公處兄弟之窮而甚有慕于妻子兄弟之樂常棣之作所自來矣其曰好合曰如鼓瑟琴爲妻子言之也曰既翕曰和樂且耽爲兄弟言之也今夫妻子兄弟其約求其合斯已耳而其間亦微有異人之由分而合者妻子也

原批大言道破情底深人合手筆

其初音容渺不相涉而及乎伉儷以後甘苦共之嗣續共之二姓之好百世之謀遂有不可復解之勢故妻子不患其不合也獨患其合焉而不免乎昵斯瀆矣瀆斯怨矣但使閨門之內詬誶時聞而夫

鄭詩鼓琴瑟相唱隨也

婦之道乜謨也其必唱隨有節如彼在御之物之莫不靜好焉乃交

妙繹纖語

可繹也時好合之謂也人之由合而分者兄弟也其初依傾亦不相遠而近乎成人以後各謀其身各營其家繁異圖之多蕭笑之必有

無可如何之時故兄弟惟恐其不合也尤恐其合焉而不篤以至
則偽矣偽則殘矣何使手足之戚骵貌相承而骨肉之愛已薄也其
必綢繆無已如彼可欲之物之不勝眈樂焉乃思可念也此既翕之
說也且夫妻子之合人也兄弟之合天也人故易流天欲易溺也易
流者期乎和而止不致以有加也易溺者則至乎和而不止不致不
○字○且○字○亦○楊○細○少○妙○解
何○也○既
有加也如是則可謂宜矣且夫妻子之和情也兄弟之和性也情可
○注○批○五言鬆
達性者亦可正情也情可達性故刑于在妻子而一二兄弟無媒
藥其類者也惟可正情故友愛在兄弟而維絲妻子亦有彌縫其闕
者也如是則其能樂矣惟詩亦總言之曰宜爾室家樂爾妻帑夫固

所謂至靈之地、至用之物也、而詩言若此。難耶否耶。孔子讀詩至此。蓋未嘗不三嘆云。

讀詩詞琢字摘繹出妙義。從訓詁為神奇。諸同人由分而合、由合而分、三股情真語妙、足奪毛鄭箋訓。後幅即足前二股所未盡、乎字面單複層注處。皆摟剔出意味來。村落筆直。欲以此為名山之業。故不與目曉為榮落也。

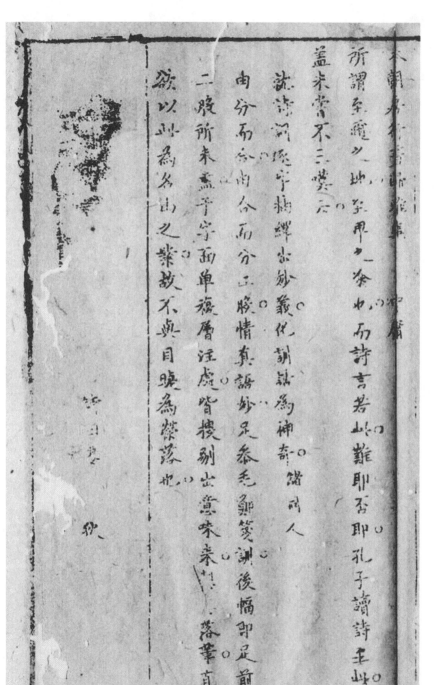

詩云其儀不忒　一節　薩玉衡

終引曹風立法必自親長始也夫惟父子兄弟之故而家成亦惟父子兄弟之故而法立繹詩言不可得教國之義乎傳者謂桃夭文王之化也蓼蕭武王之治也若六以文王為之父以武王為之兄家法尚可及哉周家一代太平之治成於文武而文武一代太平之基端於孝友其道邇其流及遠不特風之南音之雅也夫鳲鳩則亦有然者也鳲鳩美（子貢詩傳　據正義）曹叔振鐸而作也曹於外藩為伯甸猶是龍光譽處之什濟以東諸侯凡幾汶以南諸侯又凡幾耳目初不遠也則身範即朝常也叔於王室為文昭猶是麟趾慈祥之愛

（據串培詩說）譏相鼠者謂何痛芄蘭者又謂何往事宜徵懸也則家聲即邦本也詩云其儀不忒正是四國其言儀乎抑不僅言儀乎後此者為（二比據毛序立義）蜉蝣之羽則昭公之儀也何以心如結兮轉為心之憂矣楚楚衣裳乃不引為鳲鳩之同調後此者又為鵜之梁則共公之儀也何以咏彼淑人轉而傷其季女煌煌赤芾乃反嘆為鳲鳩之哀音蓋不獨儀也必有法焉父子兄弟是也前乎昭共者則桓莊有憂而朝當言而嘆父子之間四國有議其失者矣近乎昭共者則羈赤國（說本胡傳）儲在外庶孽來歸兄弟之間四國有議其非者矣吾於是益知儀不忒之難言而正四國之必有先務也其地為堯舜之舊遊荷澤（據漢書地理志）

雷夏之區先澤未泯民風猶念古初而有不足以愜一日之湖則襘禘衣冠文貌不生其感當日者九族以親而睦五典必慎其繇其於父子兄弟之間何如而遷曰時雍之變風動之休也讀虞書而嘆二典文章為萬古勳華之所自祖不謂下國風人亦存此意（據正義）也哉其地與魯衛為交壤姬公康叔之治觀聽既真民間漸為濡染有不足以饜一時之智則絲騏帶弁風流不慊其心當日者康誥念厥家人金縢祝其丕子其於父子兄弟之間何如而徒曰迷民之和懌東人之懷思也讀國史而嘆子姓多才知本朝世德之不可及彼夫榛桑君子豈有異道也哉不然苞稂愾而下泉傷民

於是乎思鄶伯也然曹風亦遂終矣

可作曹風詩譜　曹在春秋哀八年為宋所滅其國同于檜之無譏今據子貢傳美曹叔振鐸善於為政正與傳者引詩之旨合故非楊鐵崖竹枝以遁出别調為工也

詩云雨我　為有公田　揚華集　唐　沂

引詩以明公田之說不能忘情于助矣夫大田之詩非言助也然非助而何以云公田也故孟子引其辭而繹之從來公私之界惟小民辨之最詳亦惟小民言之最確然第虛奉以美名而非寔徵其定制也至實有其制則當即其名之所自起以究其制之所自興謂代遠年湮而古聖王之良法遂不復播之歌謠以供人尋繹也滕行世祿而不行助法將謂世祿無需于助法乎抑謂助法無補于世祿乎審是則請誦大田之詩夫是詩也卿大夫有田祿者之詩也說者謂甫田省耕大田省歛甫田云我田既臧農夫之慶親下之詞也大田云雨我公田遂及我

私下親上之詞也是其德化普于君心愛慕出于民心而膏澤浹于天地洵所謂君民一體天人交應者乎然而臣引詩之意則不在此臣蓋以為由今而上溯之殷幾何年矣其在文人學士之流與必稱先文皆稽古或猶能尋求遺緒想像舊封至于隴畔耕夫田閭野老畝或辨于東南制奚分于今古又安得考亳邑之遺規問商郊之軼事而謂人聲詩傳之久遠乎審是則詩人宜不知有助法矣而何為乃有公田之云哉夫公田何為而有哉吾于以知商先王之立是制也有精意焉國家之稅斂每託于公而忘私之論以務為苛求自定之以公田則於民為義無可辭即於君為情無或過彼則壞成賦之朝恐無此宏圖也夫舍穡稱戈在當日兵旅頻興不聞有呼癸呼庚之事未必

非助法之善應妙其維持而特以人往風微無復流傳不朽耳而不意作是詩者猶若有食德服疇之意而津津道之吾于以知商先王之命是名也有深思焉草野之積儲貴示以公不廢私之情以時為體恤自限之以公田則在君為取之有節即在民為予之先償彼獻穗納秸之代恐無此定則也夫五邊動眾在當日室家遠徙不聞有議蠲議賑之條未必非助法之良獸神其調劑而特以時移世易或猶慨慕不忘耳而何幸陳是詩者猶若有顧名思義之懷而曲曲傳之惟助為有公田誦詩言而知周之亦行助法

第三十二册　卷九十四

# 詩云雨我公田

清華集　管　英

大田也而咏公田、望雨者情先切矣、夫大田爲誰氏之詩、而乃曰公田采君子知詩人之情殷于望雨者、意切于奉公也、昔夏后氏之有天下也、農及雷澤初服于公田說者謂小正一書、於民事爲兢兢焉、而臣謂頌諸夏政者、初歲所以祜均田之令、而陳諸豳雅者、小民所以抒親上之忱、撫疆理之東南而如天之福眞覺可愛非君也、則請爲君誦大田之詩、夫大田之詩爲公田而作也、自地官以載師任土、而近郊遠郊之制、旁及于大都小都、盛世所以無閒田也、而詩獨于既種既戒之後、榮而奉之曰公、則畛域攸分、不啻躋公堂而上曾孫之祝、自恩丈以穡事

開基而載芟良耜諸篇嗣美於臣工保介來咨所以敬在公也
而詩若於或耘或耔之餘別而親之曰我則尊親共戴能勿御
田祖以殷甘雨之祈詩咏之矣曰雨我公田第以雨無破塊占
太平瑞應之符此頌禱之虛文而所以奉公者轉不免詩之注
念於公田者其屬望爲良切也日離箕而風揚沙矣月離畢而
俾滂沱矣惟此公田乃我數十年服田力穡以來所爲先疇畎
畝者一經大雨之時行而原隰亦形其窐凸則當日之田以公
重者惟詩人直馨香以親之第謂如雨之膏擬大澤涵濡之速
此揄揚之體例而所以爲公者轉不親詩之動思夫雨我斎淇
胝摯爲何如也鸛也而鳴于垤矣婦也而歎于室矣惟此公田
乃我先哲王量地制田而後所爲自天降康者一自甘霖之特

沛而萬邦共祝夫屢豐則嘗曰之雨以公先者惟詩人更抃舞以培之稼不善則非民自古已著公田之重而沾濡望切必以既優既渥者慰我殷懷生百穀者此雨媚一人者亦此雨自上下下其道大光覘愷澤之普敷一言公而羣黎愛戴之情直欲仰昊天而請命徵曰肅則時若時雨本無極備之嗟而潤澤所施必先以既足既霑者頌我君王官吏慶于廷者此雨商賈歌于市者亦此雨寔函斯浩惟君之賜幸恩膏之渥湛一言公而草野雲霓之望如將徯我后而來蘇詩之咏公田者如此夫周何以有公田也

蓬蓬勃勃如釜上氣

詩云周雖舊邦　新子之國　縣學一等　馮學海

命有由新亦以王者爲師而已矣新命即以新國顧其力行何如耳盍誦詩而取法文王哉今夫處孫子之穀而守祖宗之訓此家法所由承也即國法所由立前之人起化有基而式廓日增克膺眷顧後之人率由有自而家聲可振不限方隅賢侯分屬文昭與其遠法前朝何如近師當代而論者動疑弱小難圖遠大也亦嘗載繹篇章而思量力而行耶爲王者師眞非謂制産明倫王者能行之子之國不能行之之謂謂夫子之[illegible]行之王者法之特以絕長補短王業之隆未敢必於子之國耳然而文王詩所云周雖舊邦其命維新則又何說德盛者報必厚且

古毫髮無羞而有時或差者邦限之亦力限之也我周有邰開基累朝依然侯服而乃岐豐百里易為天下三分世德作求遂展光前之業蓋其行之者遠矣積厚者流自光此理錙銖不爽而有時或爽者命囿之實國囿之也我周公劉播越數世始肆岐陽而乃瓜瓞流風易為菁莪雅化天庥滋至隱垂裕後之模蓋其行之者至矣舊邦新命占之人有行之者矣謂大寶為郵施之貽古人恐無此私心顧命原靡常亦視所行奚若耳帝王自有真躬稼亦發祥之地讀書觀大意奮跡即纘武之資此固有說焉謂偏安為養晦之機古人何以成遠畧知國可為善亦視其力何如耳前則父作子述以纘禹者光湯今則業創統垂以承先者啟後其又何歉焉是在吾子大抵豪傑之開基也有

所憑藉則成功較易無所憑藉則舉事倍難蓋國愈小者力愈奮矣古來令辟賢君即當一隅僻守亦不以事權既去遂諉於天命之無憑況滕系出姬宗官禮久垂憲典豈明倫制產文王行之而申錫無疆者子行之而陵夷莫振也亦以仰維穆考耆強爲善而已矣大抵帝王之崛起也身膺創造則起事較難躬承積累則蒙庥又易蓋力愈勉者國愈興矣古來興王誼辟即當片壤初基斷不以苟且自安坐隳其邦畿之未廣況滕封承叔繡方策未即淪亡豈制產明倫文王行之而潛通帝謂者子行之而莫紹前徽也亦以宏我周京者爲可繼而已矣子欲新國盡師文王

詩云晝爾于茅宵爾索綯　圭臬集　闕名

晝與宵各有所事詩言可思也夫歲聿云暮民力可少息矣詩曰于茅索綯而日夜不遑焉民之不自緩其事也有如此嘗思歲晚務閒者農功之暇未有日短而猶勤日計者也出作入息者田家之常未有卜晝而更兼卜夜者也乃撥慶連茹之喜功分獻豣之勞終歲勤動不遑所以則嘗於七月之詩得之是詩也謂豳民不敢緩其事也顧事則已畢矣時可少緩矣而七月之詩所云者又有何說則試觀其不緩於晝念豳地嚴寒刻衣膚墮指我儕小人所親嘗其苦者也幸田功之既畢庶幾寢跡衡門耳又有何事力諸原詩若曰于茅之外不可緩於晝也夫田

家作苦本無靡麗之怡情而顧茲小草毋忘純束尚其為未雨之綢繆乎曩者風怒秋高雖席捲三重而不為所破固猶是昔年葦蘿之力也今而逢此餘晷弗用補葺不幾任其飛灑江皐起而為林梢之罥掛耶嗟我農人無惜此役刈非葵藿亦腰鐮而取之倘暮靄將沉而更言采穫恐同析新之弗克也已詩若隱竊其終日焦勞之意而咏嘆及之則試觀其不緩於宵念壟上輟耕荷雲帶月我儕小人所親執其事者也撫四體之既疲真覺不怡中夜耶更有何事分其苦詩若曰索綯之謀不可緩於宵也夫勞苦生平敢望更闌之秉燭而坐消殘漏用續短長尚其效乎懷之杼軸乎曩者比鄰掃灑雖餘明四壁而亦不暇謀固猶待異日載績之功也今而逢此餘閒不親會萃不幾無

以操末績皾散而為紛紜之揮霍耶。嗟我婦子。勿憚此勞。功非機杼。亦經緯而理之。倘晨光欲曙。而猶難睽合。恐如飛蓬之將亂也已。詩若隱窺其終夜罨皇之思。而歌吟及之。若此者。將修我牆屋。以從事於春耕也。幽民之不自緩其事有如此。

情閑意雅秀色可餐

晝

揚華集　姚人駿

有不緩於晝者、則詠晝先可述也、夫幽民豈獨詠及晝哉、而不緩之義、即其詠晝可見也、故先述之、且我周之興也、康公田功、嘗自朝至于日中昃矣、顧緬主德於岐陽、朝廷固勤日午、而驗民情於幽館、草野亦懍歲餘、雖曰民亦勞止乎、正未嘗因歲聿云暮、而不以永今朝也、則如幽民之詠晝者是已、今夫聽擊壤之歌、作循日出、頌說田之命、駕風星言、孰非不緩於晝之詮哉、而臣獨有取於幽民之言晝者、曷故、大抵時當事務之方興、則怠者亦奮、故雖靡豐如衛俗、而感鳴鳩者、亦能懍夙興以靡朝、而時當三事之就緒、則動者亦休、故雖思遠如唐風、而咎蟋蟀者不免謀喜樂以永日。然則豳民當此而猶念及於晝。信足述也。晝而在諸侯。是致其國職之時也。彼豳之先公。陟巘降原。以保其民者。際此歲時將改。自當有平在朔易之職。致於其晝耳而不謂其民亦不忘夫晝也。納禾已畢。方自幸為既同。祭非正逢。忽相戒以其蚤。詠斯晝也。殆懇懇乎若將設晝之下也。已晝而在卿大夫。是講其國政之時也。彼豳之先臣。登筵依几。以輔其君者。際此霜之已肅。自當有思難圖易之政。講於其晝耳而不謂其民亦不忽於晝也。授衣之典。行業已近於卒歲。執筐之期近。偏將同於載陽。詠此晝也。殆皇皇焉非特戒晝之寢也。已且夫火之始流。氣已自此肅矣。況其為隕蘀之長乎。則寒者此晝也。而豳民初不以寒而虛此晝也。謂未至一之日。而晝豈遂憂戚處謂未至二之日而晝豈遂憂栗烈則一言晝而若尚無寒氣總至之虞且夫鵙之始鳴暑已自此促矣況其爲滌場之之候乎則短者此晝也而豳民亦正以短而愈惜此晝也謂此晝豈猶如向之遲遲可恃其永謂此晝豈猶如向之祈祈不害於徐則一言晝而若不勝流光易逝之感蓋相勉以于茅其不緩於晝者見矣而猶不止此

取錄經義落墨高超

詩云晝爾于茅　播百穀　擷藻集　梅啟照

述詩之言民事當思其所以亟矣夫茅綯以乘屋亦乘之已耳而言念播穀則不敢不亟也詩其善言民事哉且自稷教稼穡而蒸民蒙乃粒之庥故詩頌配天盛稱率育焉夫其使林總之倫朝饔夕飧以無缺乏者樹藝之功也而其率胼胝之衆晝考夕庇不敢務閒者亦樹藝之教也諷詠篇章恍然如得其迫切之情焉民事不可緩則亟甚矣夫天下之當亟者孰有如播百穀者哉臣請為君誦豳詩生民列行葦之前洞酌繫公劉而後讀大雅諸什知力穡所以開基也至豳風陳而時甚艱難矣鳴有營巢則鴞無毀室求治者能勿眷懷牖戶早深未雨之綢繆

築室不先乎立廟宣畝繼詠乎立門讀緜之一篇知荒度不遺
種植乃豳風陳而事尤詳盡矣躋堂稱兕亦入室私豵祈年
者能毋早畢宮功更卜如雲之禾稼然而詩不曰亟其播穀而
曰亟其乘屋者則以茅綯之用可重而乘屋之不可緩也而何
幸有此晝乎情農曰此西成之暇晝可以少休也豳民曰此東
作之先期曷可久恃也彼澤之茅於焉取之可乎而何幸有此
宵乎閒民曰此歲晚之為樂可以入息也豳民曰此春及之將
告曷可少安也惟器有綯索而成之迫已繼之曰亟其乘屋其
始播百穀因而思豳俗之為此也人情有甚不能忘之事而復
有他端以並驚則易紛夫星煇天駟聚臺笠於東菑寒畢土牛
荷耰鋤於南畝其始固可預計矣今而無負此晝宵也韋蘿者

取便連茹不必烏革翬飛營室聿崇輪奐望杳者情深秉耒但覺鳩鳴鴽化微禽亦促耕耘此際之嗟婦子以勸勞者無暇向上之人而瀆以告也然而此景殊堪繪也人情有甚不能忽之圖而復有他務以相妨則易率夫祈以載芟社之日即謀終歲報以良耜嘗之時更卜來年其始正堪早圖矣今而無曠此晝宵也露菅者擷向英雲而制等逼麻棟宇息漂搖之歎韓鍾者占乎瑞雪而時催緯耒原田詳耜耟之分此際之勵丁男以勤苦者何敢望上之人而代為謀也然而此意殊可念也君誦是詩而民事之不可緩益信矣

晝爾于茅　乘屋　　一等一名　陳廷俊

豳民以乘屋為急務有以亟之者也夫于茅索綯豳民亦為乘屋計耳乃晝與宵不遑如是謂非有以亟之者哉且以民事不可緩夫不可緩者非亟之之謂乎顧事有當亟而亟者亟之念固宜殷即有不當亟而亟者亟之情為倍切何也其事為不必過亟之事其時為無庸相亟之時而此亟之之心時若有一不容不亟者之預為相迫夫乃歎事無餘事時無餘時而心更無餘心也已請進誦豳風七月之詩夫豳之民固知當務為亟之民也周家力穡開基鳩豳邑催久洽蒸黎之寤寐加以陶復陶穴羣安於室家俾立之規則當夫事重田疇而情殷戶牖初何

敢遽忘本務顓勤樸斲於垣墉然豳俗築場納稼火流霜肅漸紓手足之勤勞方將作廟立門共效乎宮功上執之役則當此輟耕而歎而仰屋興嗟又何可相習雍熙莫葺蓬廬之風爾然而豳民乃皇然而思勃然而起矣曰晝爾于茅宵爾索綯茅為屋之蔽而謀於室何如力諸原值此晝而籌之取材落實如自能運越陌度阡陰無虛擲其□也其亟也索為茅之編而虞其疎不可不求其密及此宵而策之篝燈四壁結等引繩庭月三更勤非織席其綯也其亟也蓋豳民固為乘屋計耳吾於是因其黽勉之力而想其惕厲之神亟莫亟於事之無容稍待而茲則何可待也澤既慰夫鴻嗷室宜防乎鴟毀倘力有未赴而事已就荒將爾日入此室處而嗟我婦子能勿撫環堵而歎漂搖

乎。惟亟有以乘之。慮夫事之迫於後。即不得不慮乎事之積於前。入幽館而致綢繆。補綴維勤。真覺難寬於俄頃也。彼夫于貉有資。或勤纘武於農隙。酌兕可頌。或躋介眉於公堂。亦於乘屋之暇。有以究及之耳。而謂敢優游於閒閒哉。亟莫亟於時之無可少需。而茲則何可需也。方鹿場之告登。正蟻戶之宜墐。使心有未迫。而候已屢過。將他時載瞻衡宇。而逐此伊威。能無懟果蠃而傷寥落乎。惟亟有以乘之。恐此心之難兼營。即不得不策此心以相專。致陟在巘而剪蓬蒿。居諸迭嬗。誰敢假我以從容也。彼夫歲聿云暮。蟋蟀常戒。怠荒定之方中。楚宮頻興。築亦本此孔亟之念以相警之耳。而謂可為寬閒之歲月哉。

晝爾于茅宵

小題約選　劉傅美

晝而有事當不緩於宵矣夫晝何事為于茅也由晝而宵幽民以為可緩乎哉且聖王在上身居廊廟而心念蔀茅此旰食者所以必宵衣也不謂藉薄物以重用同我婦子既竭力於日中而悵寸晷之難留相彼小民猶關心於夜半不得謂拔茅連茹卜其晝未卜其夜也而維茲短引正不若漫夜之方長已臣言民事不可緩而進誦幽詩時也築場納稼人時已過乎宵中戴月披星農功可免於宵半維彼幽民其事庶可少緩乎然而不敢緩也曰晝爾于茅熙曰其方中矣降原陟巘初不同行露以宵征也況茅可為風雨之蔽倘使棄如菅蒯將予有家室其能

免風雨之漂乎爾行矣趁茲旦晝用翦伐乎白當赤夏夕陽其未墜矣披柯擢穎正無俟宿火以終宵也況茅足禦霜露之寒苟能積等樵薪將我豫綢繆其何懼霜露之隕乎爾往哉刈彼菁茅無棄資乎烏輪義馭其于茅也其不敢緩於晝也且夫豳民之不緩所事豈僅在晝哉無論永晝偷閒莫作刈楚刈蔞之想就令南岡迺陟雜紅葉以俱收北池式臨混白華而並束而功勤偶倦竊恐取攜無幾彼紅日已淡斜曛也蓋至羊牛下括而其功已莫可息肩矣無論中晝告瘁每疏束芻束楚之謀就令荃蕙化乎物為藨而為藪包匭求也陰惜寸而惜分而往苒難留竊心擔荷初揭彼白雲早騰夜氣也蓋至蟾兜上升而其時又正堪藉手矣夫繼晝以成日者宵也幽民念之矣冬之夜

苦寒非若晴晝劬勞尚幸微暄可負矧民也茅收終日久披雲露之英英茲而宵析遙傳庶其圍爐分暖乎夫明星測候婦戒鳴鷄昧旦為期夫勤弋鴈凡茲士女要不過夜寐夙興吾儕小人庶幾可安者惟宵可逸者亦惟宵耳篝火而爭明矣誰謂日出而作者不可日入而息哉冬之夜最永非若短晝操作猶思弱線能添矧民也茅拔終朝藉禦風霜之發發茲即宵鐘下動豈其秉燭長遊乎夫中夜以興心廑民物待旦以坐念切敷施緬此君公尚如是夜以繼日嗟我有衆諒非可息者此宵可荒者亦此宵耳晨雖而未昭也誰謂向明而動者遂可向晦而休哉蓋宵固繼晝而有事者也取茅而索綯之幽民敢緩於宵乎

詩云維天 一節 林誠

引詩而明天人、合可以証無息矣。夫不已與純、皆至誠無息也、即詩言思之、不以見其有以哉。且中庸一書大要、原其道于天命而歸其功于至誠、然天命之說不自中庸始也。〇拈〇天〇命〇兩〇見〇巧〇合〇昔嘗以之頌文王矣、於中庸言至誠無息、而以文王立之極焉、以為至誠無息既極言之天地矣、然只此之所以為天地者、顯言之曰天地之道、而精言之則惟天命、蓋命即道（命〇字〇兼〇字〇提〇開〇九〇章〇成〇收〇義）之所從來也、惟由道而極之于命、乃以悟生物之有原、抑聖人之所以同乎天地者、詳言之則有其同用、有其同體、而約言之則惟同德、蓋德即體用所自具也、惟合體用而歸之于德、乃以見至誠之實功。彼周頌

天蓋樓偶評　中庸　癸丑　五九　六題覌玄

之詩不云乎維天之命於穆不已夫自古言天者多矣即詩之言天者
亦多矣而此獨于大化運行之本有以窺其深遠無窮之機自今思之（釋詩從理自見精細）
蓋曰天之所以為天正惟此不已也而詩果何為而言此不已哉詩又
不云乎於乎不顯文王之德之純夫文王之德之可述者多矣即詩之
稱文王者亦多矣而此獨于帝則儀型之表有以見其基命宥密之微
自今思之蓋曰文王之所以為文正惟此純也而詩果何為其言不已（純與不已甚一是二起說得分明亦字[illegible]微）
而後言純哉蓋純不可以人事測也在天為命者在人即為德是不已
之體天固無日不在人之中而無知理之為欲所間也純則純乎理而
欲不得而間之矣而又何離乎不已歟且純與不已不必以天人對也

○脉○絡○分○明○

天之不貳者即為純人之不息者即為不已是不已之用人固[illegible]日不

其天之功而無如勉然者而不可與自然一也純則進乎自然而化其

勉然矣而又何歧于不已與故特取詩詞而斷之曰純亦不已[illegible]純即

○四○語○分○明○

至誠不已即無息觀于天命而天地之道在其中矣觀于文王而凡為

至誠者在其中矣觀于純亦不已而至誠之同于天地者舉無不在其

中矣此中庸終引之以明至誠無息

天地之無息可見而誠難見故說天地之道也只是不貳不貳即誠

也聖人之誠可信而無息難信故說文王之純亦是不已不已即無

息也如此看兩邊結束甚明○講末句二比道理親切是天道聖人

天蓋樓偶評　中庸　癸五　六十　大題觀畧

天蓋樓偶評 中庸 癸五 六十 大題觀畧

界分事又得引人以誠達天之意不同空挑泛衍

詩云維 林

詩云維天之命　天也　　馮少璧

引詩之詠云命者，而知天一[illegible]心[illegible]之所以[illegible]天[illegible]而已。語及于命而嘆其不已，詩誠善言天者哉。且吾言至誠，因推及天地之道，而謂其為物不貳，則知天不外一誠，而言天者即當知（嘉脉清老）其未才或息也。所共見者流行之迹，未免滯于其形，不易窮[illegible]廣運之補，當為原于其始。吾蓋反覆思之，真[illegible]必如是而後可以言天也，是可通其說于周頌之詩。詩何以言乎天也？（英英清徹）詩人初不千天起見也，有所[illegible][illegible]而[illegible]有其昔舉以川之詩之所以言天[illegible]然。詩人亦即于天致[illegible][illegible]有所鄭重，而因有其特舉。

鄉墨鴻裁　乙酉湖[illegible]　黃

莫可言也乃其詞曰維天之命於穆不已詩之言一
維天成象于青冥之上而丕冒無方實汴巍乎煥乎之觀言之者
所為統以高明也而詩人則姑置之若曰維天之命默司焉而无
其象者夫孰知為根柢之甚深而亘古亘今之无或異也息于
穆清之表其亦有可以豁然指之者已維天獨指乎闔闢之運而
循環之端寔有一動一靜之氣言天者所為括以陰陽也而詩人
亦姑置之若曰維天之命潛藏焉而秘其機者夫孰知為宰執之
甚妙而始之終之未有极也神于斂與之先其獨不可以恍
然神會若已而吾于此乃知其稱天之詞以推其言天之意蓋

詩云維天之命 天也 馮璧

緻驟不略瑩淨刻拔
見乎兩間不朽之業不徒于其迹也主于中者必有淵然莫測之
微而早于天乎推之所以彼蒼之燦陳不煩枚舉而有以一言
括帝載之精蓋迥非言思擬議之所得而遽窺矣詩故言之以明
天之之有本也抑見夫宇內絕異之質不徒修其後也握其原者
必有渾乎无涯之蘊而早于天乎見之所以太空之幬覆无庸艷
稱而但欲以一言搗鴻鈞之奧蓋亦非尋虛談无者之所擬而意
會矣詩故表之以見言天者之必于其本也蓋曰天之所以為天
也乃知時行物生之際天固自呈其蘊以使人人不言而莫罄而非
卓老警闢
其極誠無妄者渾涵于太極之原則生物亦有時

鄉墨鴻裁

來之會天自不渴其氣以使人曠觀而皆是而惟綱維乎清虛之際以形器自終古而常新觀于此而天之一誠无息可知矣而固可觀其於文王矣

最易入理題陳腐語此乃廓然清之若可當空一碧萬里 三 孫咸

詩云維 馮

詩云維天　天也　張景崧

詩稱人以為端、可想見其無息也、夫天之所以為天者、命之不已、非
即誠之無息乎、稱天者猶是稱至誠耳、嘗謂天之在上覆地者也、故
（落消天○地）
尊天以說乃入乎物以言天則天亦有所以為物者借萬物而並
（心清○光○四○映○）
生而超乎物以言天則天自有所以為天者先至誠而不息頌詩所
稱可想見其旨也、彼其明禋肇祀寢室升歌將頌揚先烈以篤子孫
之祜、即或稱引在天、用嚴對越、如清廟一篇、亦雍雍乎樂章之美也、
（朝朝○如炙山上）
乃其形容偈始、溯求諸維皇主宰之原、數奏肇端、直邇諸聲與俱無
之載、有曰、維天之命、於穆不已、此豈猶是賦旦明歌臨汝僅結結於

垂象之天與陟降之天也哉覆幬者積絫古而勿壞此其不已在形體者也尊而奉之何命則穹昊之無窮皆健行之不息冥漠沖穆之乃形也而性為之矣

精〇氣〇推〇勘

推遷者歷萬世而長新此其不已在氣化者也綂而會之曰命則陰陽代嬗皆太極之互根絪縕迭運之中氣也而理為之矣此非所以為天者乎宇宙間有為之迹莫不各有無為

清刻

者主乎〻乃天之命無為者也而即所以為天蓋初不知夫仰而觀

深〇刻〇名〇貴〇樸〇老

天者何以明其象崇而效天〻何以健其行而天自以其無絕續者

可〇謂〇默〇成〇不〇言〇言〇天〇也

默然靜運於太虛之際以俟夫承天者之體之而已矣詩蓋有以窺其微矣古今來無為之化大莫不各有〻為者立乎其先天之命結

詩云維天　二段　張對墀

述詩之言天與文者，而各有其所以焉。夫天也文也，必有所以為之而然也。曰不已曰純，詩言不可繹而得哉。且吾言天而曰道，言誠而曰徵，道者無不共見其為天，徵者無不共見其為誠也。然有其共見者以為之彌綸，必有其不見者以為之主宰，則勿謂仰而觀，作而觀，而遂足盡天與誠之藴也。此其說莫深于詩，詩ゝ云維天之命，於穆不已。夫自輕清上浮，而貞觀為天，官者其象，審者其體，健行者其運，以此言天，亦孰謂其非天者，而詩則曰此天也，而非所以為天也。天有其神，神ゝ運於形之中，而形非虛設；天有其載，載ゝ

中庸

立於迹之表而迹非徒然則惟命是盖自無極而太極一動一靜
二氣之所以對待根陰根陽一氣之所以流行皆命為之也且夫
串筆有力
物之淺而易窺者其貞之也必不囿天命則聲臭俱無莫識其樞
紐之朕推之於前而無端引之於後而無既故語其贊不以斯須
而稍進論其久并非元後之能限吾度詩人之意以為宰天者莫
過於此是能為不已而後能為天非能為天而後能為不已也則
曰不已之言出而凡保章司截之所測皆其粗焉者矣請為之說
曰天之所以為天也詩云於乎不顯文王之德之純夫自羑顛西
眷而篤生為文顯者其謨耿昭其光怙冒者其惠以此言文亦孰

謂其作文者而詩則曰此文也而非所以為文也文實小心心以為事之幹而華非其文文順章則以為物之彝而文非徒飾則惟德是蘊自緝熙而敬止亦保亦臨肅雍之所以咸在不聞不諫非援之所以無然皆德為之也且夫物之闇而不章者其特之也必不粹文德則聲色不大其窮其聯爍之輝疊疊者行所無事穆穆者極其篤恭蘊幾微不忒而勿貳以二始終不渝而勿忝以三吾賡詩人之意以為論文者莫要於此是能為純而後能為文非能為文而後能為純也則自純之言出而凡屬太史之所頌皆其淺焉者矣請為之說曰文王之所以為文也

同治丙寅文　中庸　詩云維〻

體仍王啟之舊詞擬洛閩之精非濂門華藻者所敢希擬

得大頭腦

截題如屈鐵

## 詩云維天 之純

錢萬選

原天命者、因嘆聖德之至焉、甚矣天統地、命統天、無已時也、而文德之純、則誠矣、詩寧特見天之所以然哉、中庸謂夫誠者天德也、德命於天、則天之命、即為人之德矣、昔詩誦文王、而不遽及其德也、由文而上溯之、則維天由天而微窺之、則維天之命、夫顯思者天也、然至顯者天而至微者命、冲漠之中有主宰焉、殊穆然深矣、日新者天之德也、然德顯于仁、而用藏於命、空虛之表自流行焉、於穆乎遠矣、天之不貳、命之不貳也、不貳則不已、其一元之循環乎、天之不測、命之不測也、不測則不已、其太極之互根乎、若是乎

水落石出

聖功王道妙繫於天命上說

老筆

錢綱梁 四 中庸

命者天之為天而於穆不已者天之所以為天也詩人蓋善言天矣至是而直言文王矣直言文王之德矣德原於天而聖人更有體天之學當日亹勉之修泯其知識卦爻之演絕其往來則德之得於聖學者純也德本於命而王者後有凝命之事當日陰行之善不雜以驪虞觀成之化不流於小補則德之成於王事者純也於乎文王之德豈第丕顯之謨光於四方已哉詩之繼天而言文王也又如此此以知天之理為命而人之心為德天之命為不已而人[illegible]純總之一至誠無息而已然則文王之所以為文者其天之所以為天乎

評

精湛樸茂足覘夙學

天人至理胸中悉得透故口中說得亮而提絜出落純合自然不露爐錘之迹儲同人

純粹如精金溫潤如良玉置之石簣元宰之列有過之無不及也受業門人黃溪謹識

維天之

詩云穆穆文王　二節

戊子順天　孔毓璣
擬墨

聖人全乎至善，更引詩以徵明德之止焉。夫文之敬止，固至善之極也。而求止得止，莫先於明德。傳者故兩引詩而釋之，意謂至善而必期於止，其倫物交盡者，聖神之極也；而知行並進者，懋建之功也。即
伏華自然。
上節蕙明。
如文王躬有盛德，後之君子，羣奉為道法之宗焉。彼其體存于知意
新言之語，極諦當。
心身，而其周達于家國天下，詩咏之矣。曰穆穆，德容也；曰緝熙，美
聖功也。無不敬者，其心安；汝止者，其行事也。蓋此理之存存者，本之
註中所謂精微之蘊也。
天命人心，而自無幾微之不協。此心之翼翼者，旋之彝常名教，而自
見時措之皆宜。今試觀怙冒之仁，服事之敬，寢門之孝，昌後之慈，質

成之信則君臣父子國人間何一非自然而止於至善者乎然而家

暖新作折筆不見偏枯之迹妙〻

國天下之業必托始于知意心身之內此明〻德之君子所爲日起

而大有功也如風人之不諠君子其繼文王而作者歟彼見君子之

淵〻數〻不〻平〻衍

德極其盛〻德極于至善也良由于學以窮之修以實之恂慄威儀

蓮〻湛

以驗之宜乎切磋琢磨瑟僩赫喧深嘆詠於淇泉菉竹間也一由窮理

題義與前二比相瑋　縮文王

以至于盡性其勉焉從事者猶是亦臨亦保之心一緣篤寔以至于擴

光故美其形容者如承肅〻雝〻之範明〻德之止於至善如此庶

一意迴環齊法入妙

克紹敬止之心傳矣乎一夫而後知意心身返觀無疚而家國天下之

業乃從此起矣

引文王見聖人之止無非至善兼明新在內引淇澳專言明〻德者之止至善木鐵板不易或將安勉作柱或將敬字串合或撮舉大意淩駕立局變態不一忘却書旨其失均也照註立意眉清目楚而又有起局有承遞有映帶有結束繁重處簡括不遺以程朱之理運成弘之法求之先輩名稿中亦不可多得　孫昭文

詩云穆

詩云穆穆　二節　崔銑

古人之得所止者安與勉皆可法也夫敬止如文則於止無不得矣彼淇澳之稱君子不又見明德止至善之實乎求止者尚其讀詩而知所法哉傳者謂至善之理散著于天下而得止之由實本於一心心未底于純一欲其止之悉協于極也難矣心未篤夫操存欲其止之克裕于身心也抑又難矣古之人雖安勉各殊而其所以得止者無非本此心以貫通于倫常德性間也吾引詩及孔子之言則至善之當止者既不可不知矣然天下倫物之煩莫不（襲谷批）各有至當之則而理欲危微之介又非可以浮慕嘗也苟無以乘之

以下伏下二比然局

浴乎至善之極而實致其求止之功則雖至善日在當前究何與乎得止之數哉吾故舉文王以立止善之準則有取於大雅之詩焉其形夫德之深遠無盡也則曰穆穆其心之相繼不已也則曰緝須其心之光明不蔽也則曰熙至稱其存諸心而見諸事者則又以敬止為歸焉詩何善乎賦文哉夫學者勵志好修非不欲底乎粹精之域而日用彝常之際或一事而純雜之相半或數事而此舉而彼遺雖至纖且悉尚無以協夫至當之規況其在綱常之大乎文王不然也今試觀其君臣父子交際之間抑何仁敬孝慈信之各得其止耶蓋惟敬之存于中者無一念之或雜故其止

耕言遂緯厚

之著于外者自無一事之不善為即詩之言敬止者一思之不可以見聖人之所止無非至善哉吾舉君子以驗明德之止則有取于衛風之詩焉其借物以起興也則以菉竹猗其功之精密也則以切磋琢磨求其驗于內外也則以瑟僩赫喧至稱其德之深入于人心也則人以不可諠終焉詩何工于頌君子哉夫學者刻意操存非不欲臻于純備之地而天人理欲之關既失於考辨之未精復病于制防也多忽離身心之際尚無以免夫怠肆之失況欲符于人心之同乎君子不爾也今試繹其切磋琢磨瑟僩赫喧之詞謂非學修恂慄威儀之各極其善耶以故德之成于己者已致

工力蘊蓄

詩云穆穆　二節　崔銑

乎澣美之休斯善之合于人者自深其愛慕之戴為即詩之言不
謹者一思之不可以見明德之所止極于至善盖要之敬止之文
王自然而得止者也有斐之君子勉然而得止者也後之入大學
者識能由學修之功以造于恂慄威儀之地則于仁敬孝慈信之
當止者自無不各得其所止矣又豈待明德之止乎至善而已哉
潮平岸闊風正帆懸文心文境如是如是　本房加批
以兩節裁作兩對他人多有及此者難其濃淡合度多寡適均
為總當罕觀而大比中有大風迴瀾之勢　費巽來
詩云穆　翟銑

詩云穆穆　二節　陶貞一

以止善歸聖君、而君子之善其德者可法也、蓋文王之止、僅能舉
其大、而武公之善、有以稽其詳、此有斐所以繼緝熙而咏乎、且人
莫不各有其善而未能止者。此非獨其分不可强而亦造詣之有
未至也。夫能安于止者。固止善也。有能求其至者。亦至善也。世有
聖人以示善之準（恰好落出文王）世有君子而得善之歸、君子學聖人以成其德
而猶極一時之盛、而聖人益邈乎遠矣、若是者（拱下自然）其惟文王乎、吾嘗
觀于雅頌之間、所以咏文王者至矣、于小心知學之基、于令聞觀
德之著、其本諸身而及于民者、未嘗不詳哉言之也、然莫大于緝

熙敬止之一言夫以文之聖而第稱之曰敬止何其形容之畧微
則無為之求其事而見其事無不善也則更為之求其善而見其
對下節說其平舒開
善無不止也今夫君臣父子以至國人之交五者足以盡倫類之
變而盡其變者惟文統仁敬孝慈以至與人交之信五者足以立
先提下節意
人道之極而立其極者惟文天下固有學為五者之事而文王之
插入下節老甚
學則先登也緝熙焉而已其學可知而不可知非必有切磋琢磨
之勤如淇澳所指也天下亦有攄此五者之美而文王之美則不
顯也穆穆焉而已其美可見而不可見非必有瑟僩赫喧之容如
落句欲仙
淇澳所稱也淇澳者衛人所以咏武公也今試以武公視文王豈

獨其家法之傳哉。虞侯服而布其聲華，幾無以異于文也。李遐齡

而深于修省，又無以異于文也。然而文王之為止也微，而武公之（就文王相形）

求助國人，則日出其知能之體用，以與斯民相質對，而民寄得而

見之，故亦得而道之也。文王之為止也隱，而武公之止，是國則

悉本其內外之精神，以與斯民相觀法，而民寄得而道之，故不得（承題新講緊且大）

而忘之也。然則緝熙之咏，文王言其止也，而實不能示其所以止（承題新講指其詳）

有斐之咏，君子未嘗言止也，而實各有其道，其止文王之止不可

幾也，其庶幾武公之德乎。

處處刻意避俗，便處處尋味小新意來。羅萬山先生

對照處聯合處。用意俱極新穎。抑只從題中唯爵出來。非妙悟人不能有此。中間先備進下節。仍收轉文王。然後發下。筆法尤極奇變。

詩云穆　陶貞一

## 詩云穆穆　忌也

南皿青四號薦卷　裘隆士　新建

傳者引詩立至善之極、極有由天人而各得其止者焉、蓋非文王之全乎天、武公之全乎人、而何以各得所止如此也、兩引詩而繹之、不已見至善之極哉、止於善之理、固合天人而一致者也、而苟能造乎其極、則本天者有然而止之、盡人者勉然而止之、而上之貞止善之全量、次之見明德之極功、要皆于諷詠篇章之餘、如見古人之心焉、則試進而誦文王之詩、是詩也、周之人咏歎文王之德也、而遐想其穆穆之意、緬竟其緝熙之神、而統之唯一敬、合之惟一止、何令人歎羨之無窮也、文王嘗假□爲勸一善以爲指歸乎而何以敬止有若是人試進而誦淇澳之詩若詩也衛之民贊美武公之德也而懷菉竹以興有斐由切磋以及琢磨而緒之瑟（以綴瑟僩）僩赫咺終之以不可諼何令人嗟嘆之不已也武公豈嘗屑屑焉于斯民有所要結乎而何以有斐能若是而吾于是知見之至矣祗此君臣父子與人交之際非必有異人之性情也而性情純任乎天焉天之命者時有所不能虧勢有所不能限而人倫日用無（過鍛精力闡發在先二比）不逮如其分之所自然夫是以仁敬孝慈信各安所止而無所于過亦無所不及也何令當日者如燃傷矣而孔誦奔編其謳思（點題意醒文氣亦清）有二歸矣而服事猶留其遺憾且前有所作而難為繼後有所述

而雖為創以至作乎乎萬邦而或多其廣詐也則雖數端之善猶或難之矣為覩所安止善者乎乃今讀敬止而舉然思也知本天道以立至善之極者文王也而吾于是如見武公矣祇此切磋琢磨瑟僩赫喧之[illegible]必有異人之學問也而學問克全乎人焉人之蘊者膚貌而不以自恃毳勤而不以自輟而知能行習無不畢辨其量之所當然大是以學脩恂慄威儀各得其善而不留其有務亦不留其不足也向使當日者始之為學亦必如攻物之精繼（縱使精嚴掌之知岳家異）之脩卲恭必如治器之密且內焉鮮有嚴有翼之誠外焉之可畏可象之處無以深入乎淺之而期通于志氣也則雖一德之美必

且忘之矣烏覩所云盛德者乎乃今觀有斐而恍然會也知盡人
事以得明德之止者武公也甚矣止善如文王至矣蔑以加矣明
德如武公亦可以止矣而猶未已也益進而觀新民之至善乎

本房加評
格極穩理極透氣極沛詞極豐學養兼優之作也已亟薦之而
以數語見遺不禁嘆惜勉之
題分天人兩截嶄然都又分作四比以養其局前二比點詩裁
翦有法後二比繹詩思力深厚真羽毛豐滿之候也于青雲而
直上定拭目可俟　費巽來

詩云穆穆　二節　駱壽明

引聖人以立止之極、而復即君子以示明德之止焉、夫文王固敬
而安所止者也、若武公之德極其善、非求進於止者乎、兩引詩而
人可知所法矣、且經言至善之理、而人往往推而遠之、以為此情
神聖之所造、而非人人得至其域也、抑知古之聖人、惟本內念之[illegible]
精明者以行行之倫物之常、而遂為千百世人道之準、後之人奉以
為法則知行交懋之下、其功效亦有歷歷不爽者焉、不得謂聖人
（發下節[illegible]翻而）
安止而下此遂無與於止也、然則人而知所止矣、由是進而求所
（入提清[illegible]德至善）
止焉庶德無不全而善無不盡乎、然不舉聖人以立極、吾慮其則

儆焉而無自也彼詩頌穆穆文王於緝熙敬止其於家國閒誠
無在不止于善矣蓋文之心甚精精則無一私之或蔽而極天下
理之為萬殊為一致者本吾敬以施之而悉洽故以其身歷乎君
臣父子國人之內而絕不遺憾于幾微文之心甚純純則無一息
之或閒而極天下事之為經常為權變者本吾敬以措之而各當
故以其身備仁敬孝慈信之全而絕不稍形其缺畧文之敬而各
（結上起下）（以敬字貫下）
得所止也謂非德之盛而善之至耶雖然是敬也在文王以為善
量之全在學者即以為迪德之本蓋惟敬則晰理也必精惟敬則
去私也必力而所以求象止者依然文之無畔援無欣羨也惟敬

則持心也必恪恭惟敬則澤躬也必慎淑而所以得夫止者猶然文之雖在宮肅在廟也昔者武公能體此意以明其德迄今讀衛風而曰切磋琢磨曰瑟僩赫喧吾繹其義其始善法文之敬止而與止至善之說有相發明者乎蓋其始之勤于學修也繼之至于恂慄威儀也德以此而盛善以此而至矣命錫圭璧之躬歷之耄期而弗倦故其知至而行盡者實有合于小心昭事之誠寢興話言之節極之細行而無遺故其積中而發外者自可幾于道岸誕登之詣吾今乃嘆民不能忘厥惟盛德至善之故洵乎有斐君子雖不及文之安止而亦可謂敬明其德者也後之學者能勵此學

（丹串上節）（仍繳敬字）（收緻完密）

修之志以全其恂慄威儀之美將君親民物間又何一之不協于善乎○

苦心結構○而揮灑自如○　孫子未先生

敬字是上節眼目○與下節本不相關涉○然既將二節命題○借敬字聯絡○自是相題行文之法○又存疑云湯曰聖敬文曰敬止堯曰欽明舜曰溫恭○數聖人之德○皆是以敬言之○據此將下節組合在敬字上○故自無鬆懈○後幅層層迴抱○局勢尤緊○

詩云穆　駱壽朋

試劍

揚華集　張嘉金

諸君更述所好、若躍躍欲試焉、夫試劍亦非學問中事也、而乃小好在此、不適與馳馬等乎、宜世子念他日而悔曰、天下之足以悞人進取者、豈一端已哉、夫雄心自用、不甘為善刀之藏、而壯志未銷、徒欲效乎匹夫之勇、學騎不成、去而學劍、落落者幾平生矣、試為追想曩時、竊歎劍術之悞我也、如他日未嘗學問、則吾所好者、果僅在馳馬乎、抑不僅在馳馬乎、成均辟雍之地、畢生未履焉、顧冀北之羣、既入吾廄、豈太阿之產、不必充吾御乎、心乎愛矣、而磨礪以須、直令質煥龍文、光冲牛斗、撫君監國之任、在昔曾司馬、[illegible]屈產之乘、既為前驅、距歐冶之良、不必當後勁乎心竊喜之而拂衣起舞何論鏑名百鍊寶號雙龍夫不有劍乎我雖不敏請嘗試之且當今之世其以劍俠名者正不乏人矣若專諸若要離若聶政若荊軻挾其擊刺之技雖以術士而傲王侯亦所弗顧嗟乎嗟乎此固一世之雄也而今安在哉滕國僻小介居兩大既不若楚矜兩廣難與爭鋒又豈同齊擅三界號稱最勝設一旦肘腋之間患生不測藉非以一劍任之不幾束手而無策乎此吾於他日所為信之深好之篤而不禁躍躍欲試者也顧或者曰劍一人敵不足學當學萬人敵況世子負卓犖之資少年意氣定知所向無前奈何哉束馬之願未酬鳴劍之心復起日月幾何願今以有用之居諸不足及鋒而試良可惜已則甚矣劍之非所宜試也無如他日之吾其實

中心好之。何猶憶朝夕問膳以還。一二左右近侍。有彈鋏而歌者。不禁豪情勃發。輒欲拔劍斫地。謂大丈夫生當斯世。苟得橫提三尺。往來於戎馬之交。用令一軍皆驚。西鄰懾服。不可謂非生平快事矣。獨奈何鬱鬱久居此乎。然則劍之試也。在他日亦自爲得意矣哉。既不克束身名教。以忠信為甲冑。以禮義為干櫓。而寄壯心於奮武。遂使一生精力。早消磨於少年遊俠之場。然當其意氣飛揚。方且談霜鋒而色喜。方且佩秋水而神怡。而經事後之追思。始知壯歲豪華。徒徼逐於車馬兵戎之會。然則好試劍。直與好馳馬等耳。何他日不知。竟忽忽以至於今也。

第三十二冊　卷九十四

誠則明矣　二句　沈近思

誠明有同歸、而知天人無二致也。蓋誠明之理一而已矣、其始雖殊而其歸則一、豈有天人之別哉。且聖人得天之無妄以為體、而學者之求道則必由用而入。夫是以所造各殊、而安勉分焉。然體用有一原之合、以其一本而貫萬殊、則亦何體之非用。由乎萬殊而通一本、則亦何用之非體。第見安勉之不可以向歸、而天人之或有二致也。吾分言性教之說、而進思夫誠明矣。誠以立其體、所以合吾心之理也、而天下無二用之體也。明以大其用、所以辨天下之理也、而天下無二體之用也。有如其人而能誠乎、誠動于此、即明動于彼、非誠之

（起手即提明）

（一注批通篇皆言以誠為體以明為用）

（此盡性而窮理也）

（此窮理亦能盡）

（性也）

（先揭）

則字意與張作同

有意于明而明之自不外乎誠也蓋誠則有主有主則虛以通天

運用妙于能刃

下之故而萬域不能為之礙也誠則無欲無欲則靜虛以研天下之

無不意是

幾而萬變不能為之淆也故人而未誠則已既至于誠而明非誠所

自有之用乎出吾之誠以坐照萬物則明矣有如其人而能明乎明

於乎彼即誠交于此非明之即可謂誠而誠之實基于明也蓋明則

明

旁燭乎天下之理而無所昏斯無所雜惟精之所以為惟一也默察

理然後去私

乎一己之私而無所隱斯無所擇定識之所以生定力也故人而未

明則已苟至于明而誠非明所從出之體乎由吾之明以實之踐履

粘來便得自是善業

則誠矣然則謂誠之有與于明者非也寂然不動謂之誠感而遂通

謂之明誠之有明寂感焉耳渾然一理謂之誠泛應曲當謂之明誠之有明分合焉耳而要非二物也則誠者之明何莫非誠者之誠而知神之用豈有外于無偽之本體也哉然則謂明之有異于誠者更非也不迷所往謂之明不虛所知謂之誠明之有誠始終焉耳物不能欺謂之明已不自欺謂之誠明之有誠內外焉耳而要非二物也則明者之誠何莫非明者之明而無爲之體豈有藉于勉强之寔用也蓋故曰安勉有同歸而天人無二致也

啟經籍及儒先精語分晰誠明雖納物于懷出手于袖無此便利也真乃安置妥帖使人效之便成雜亂矣

第三十二冊　卷九十五

遊必有方　之年

房稿　鄔汝楫

遊而致其不已之情親年重可念也夫心子能遊之年正父母不
地有遊子之年矣即曰有方能無轉一而心傷哉且丈夫志在顯
揚計非徒窮年困守已也而獨是顯然情傷者遊子辭家之日正
値高堂垂暮之期即有一術焉以解其萬不獲已之情而究今一
術焉以寬其遊不我阯之歲齡于諸者正非一說之所能窮矣親
在不遠遊亦曰雖弥朝夕無幾盛以衰年也然而亦有不得不遊
者或且身數本越境而訪名賢或親老家貧爲勸而營薄祿當此
而子不遠遊父母其歛然憫念若曰安可以庸祿子雖終侍吾老

本朝小題清雅集　　也　　論語

遊必有方　之年（論語）　鄔汝楫

焉無望也然當此而予竟能遂父所其又惻然悲矣若尽不加得
一備孫子猶安侍吾老焉無憾也然則將　不將何以為情哉計
非有大焉不可承歡者矣而措天涯而如在猶計日以知還
笑遠矣而許道里之非遙猶幸音書之易達若是而親心庶幾稍
慰予心庶可自安乎雖然子則何能自安也念父母生我以齊愛
懷者幾何年受顧復者幾何年受長養教誨者又幾何年而後
得此征衣西出之一日也此時人子之身名方盛而父母之精力
已衰矣抑父母生我以來當其幼而襁褓也相為嘻笑者去其年
之一當其長而膝下也相若悲歡者去其年之一及其壯而之四

遊於聖人之門者難為言　庚午京卿

羣言之不足聽也則惟所得於聖人之大也夫既遊聖人之門而得聞聖人之言矣而尚何言也及當其聽乎而不益見聖人之大乎且夫聖人之道大矣門弟子不能編觀而盡識也而僅求之於言夫言之在聖人其餘爲者也止惟其餘也而天下莫得而窺之則亦莫得而及之微之傳然後以為能言者皆未嘗有得於聖人者也蓋聖人之門羣言之聚也其紛綸而莫紀也如百川之派別焉而非遊於其門則莫知其所極也亦羣言之宗也其綱維而有條也如百谷之朝宗焉而非遊於其門則莫知其所止也夫既遊於其門矣識之而慎

嚴寶成先生制義　孟子

嚴實成先生制義

道顯之而大章其形被而覩矣者何獨言亦既涯於其門矣況游乎
仁義而有徵乎詩書其歌飫而樂道者又何嘗不在言乎則夫聖
言一層　其意況斷其筆思非騰於墨瀋毫此　聖人
人之言莊乎不知其畔岸而非遠也浩乎不知其津涯而非隔也夫
方是大入本色
天下平易中正之理至聖人之書而無不如其意之所欲出則雖天
下有刻意言之而思以此撰乎聖人者而終不能或逾於聖人之言
之外而又見夫聖人之言置之而塞乎天地也溥之而橫乎四海也
凡天下高深幽渺之理經聖人之言而莫不曉然如指其目前則雖
天下有非意言之而思以遠過乎聖人者而終不能不囿於聖人之
以天下之形容出聖人之言一層
言之中於是出而御天下之言誇之以為雕繁之以為博易而近之

以為醇粹而復之以為甚彼亦自以為平易中正聖人之言不過乎此矣而不知其所謂平易中正者聖人之所已言而此特贊焉者也而不覺陞乎其微焉人或探之茫茫以為高索之冥冥以為幽窈之有生之初以逞其奇遊之於合之外以神其辯彼固自以為高深幽渺聖人之言不及乎此矣而不知其所謂高深幽渺者皆聖人之所不必言而此乃異焉者也而不覺驂然思返焉則夫遊聖人之門（遊聖門者）（又難為言一層）者既已知聖人之言廣大悉備而無不足矣而猶欲以曲學之涉涉者入之吾知其不受也天下豈無高明之士終身泛濫於百家而莫知所歸有一學者當其前使能涉聖人之津而已於天下之言不屑

道焉則失沾沾然思以其言比擬乎聖人者此非管窺蠡測之見也
乎況夫遊聖人之門既已知聖人之言變化無方而莫可識矣而猶
欲以異學之專專者入之吾知其不變也天下亦有高明之士其初
浸淫於聰識而竊為旁獻其條辰而求之聖人探賾力取於其中而
竟覺天下之書舉可棄焉則大屑屑然思以其言求通乎聖人者不
且為渾渾向者之填也乎夫聞聖人之言未必其即為聖人也遊聖
人之門更未必其即為聖人之言也而雖為言也如此又況乎溯流
窮源尋端測委以求至乎聖人之道者哉測乎聖人之道之大也
蒙蒙無如萬斛源泉隨地湧出酷是蘇子瞻矣然乎贍汝氣

遊於聖人　一句　王自超

聖不予人以難而天下之為言者自治也夫群言各是既有聖人可以治天下之言矣何則（俯仰盡意）聖人而以言治天下與天下而以言受治聖人古今以來一人而已三代以上聖為天子典謨風誥天下不敢襲其言三代以下聖在匹夫日月名山異流皆得學其說夫學聖人而有言則吾亦得以聖人治之也（一言蔽真足千古）雖然聖人之道使庸衆有所易而豪杰有所難庸衆所易者聖不絕庸衆也前此大道未明數百年有幽闇阻深之懼自此而五倫可守六經有章于此稱迪與萬物之功豪杰所難者聖之派絕衆貴也前此聖人未出數百年有異師尚學之

王□衡稿　秋巖選　下孟

殊自此而或黜焉、或退爲異于以高廓清大道之烈嗟乎數百年
間何增于聖人之門者遂寥寥也有一聖人爲主必有數人以爲輔
（無一字寄人籬下）
者勢也唐虞之佐班肇皆聖人之徒三代之傳不必皆一堂之受其
時即曰君臣亦猶師弟矣雖曰聞知亦猶父子耳今以夫子之道而
群言爲助寧非相得而益章然而難矣彼東國之衣裳而躬其文繡
尚有矜鞶帨以貽儉陋之譏哉有一聖爲教必有數人以爲歆者又
（眼明膽）
勢也春秋之作既有罪我之言司寇之刑遂有聞人之戮此人材足
（洪百萬軍中取出阿斗）
誣民而黨足助之力能自樹而時數又因而藉之今以夫子之道而
（古意淹然）
異流爭尚不妨他途以並著然而難矣闢闕里之鼓鐘而鋒其紫犢

尚有創私說以犯筆言之律哉一然則謂詩亡于刪易亡于僞聖人既
眼前語抑從未來發
徙而六經無文字者非也三百取之士女而群奉聖人之詩六變取
于筮篋而人奉聖人之易聖人取萬物而有餘人取于聖人而不足
如萬斛泉一湧而出
所以難也故保殘守匱奉一卷于殘簡斷章而此人于吾道有功匪
儒者之言
孝子之目然則學書為典學春秋而成史聖人既徙而六經可群學
者非也與諧之支商周不同于虞夏編年之作衰乎有異于隱桓人
特世大文不但此來
不藉聖為言而或以為功人必學聖為言而聖以為罪所以難也故
都非小儒學
西河南國各行說于師徒友數而其功在吾道為俎豆不能之傳蓋
聖不絕物以為高天下亦不得離聖而自畏覺曰望洋尚有先王祭

川之法在

四子六經昭如日星漢儒殊覺附會宋學亦病支離總是不曾親遊聖人之門耳眼高千古力辟萬夫當是有功理學文章萃集之談理明切可補傳註之遺殆所稱昌黎文中見道者耶不然先生自當與濂洛關閩同其俎豆禋仲蘄

遊於聖

遊於聖人 一句 史普

言以聖人為宗外此宜不足觀也夫人之爲言未有不自謂大也乃遊乎聖人之門而始知其難聖人之人何如哉且聖人者豈惟其言之云爾哉乃天下之人常秘以言爭勝乎聖人夫聖人雖不僅以言著而天下之言乎有不能與聖人爭勝者故人惟泰然於聖人而天下之言自孤也如觀海之難爲水也惟人之于言亦然今夫聖人之門圍群言之海也蓋天下莫不言仁言義矣而仁義之訓至聖人之乎容聖人之門游言門而始明天下莫不言道言德矣而道德之傳至聖人之門而始精天下莫不言詩言書矣而詩書之源至聖人之門而始發天下莫不

言禮言樂矣而智與之徵至聖人之門而始精大哉聖人之門所謂
宗廟之美百官之富蓋天下之大觀閱盡乎此矣而吾獨恐夫世之
人之茫然不得其門而入也今夫人固有聞諸子之說而驚其耳目
之來至而樂遊乎無窮者彼固謂斯言雖聖人亦不過如此已矣此
句上從遊乎聖人之門者
無惑也彼置身于聖人之門之外宜其爲羣言所驚也人固有聞異
端之說而愧其心思之莫及而嘆服而不已者彼固謂斯言雖聖人
亦有所不能言矣此無惑也彼悵望于聖人之門之外宜其爲邪說
所愧也若夫遊于聖人之門者則不然蓋日習于廣大之途而見聞
自覺其貫日進于精微之域而知識自覺其高則吾以知其難爲言

焉無論家挾一說有以知其才智之餘用也即旁搜遠紹深原夫聖
二股極有根柢
人之遺言無得其糾而無以見其精明乎理而無以窮夫事由聖人
而觀亦以爲病也無論人競一長有以知華辨之徒是也即強探力
索思纂夫聖人之遺言默刻意以求之深而非深也抑志以承之淺
而非淺也取聖人而衡之又奚有當乎若此非有心以不足乎其言
妙絕
而自有難爲言者也故曰聖人之門群言之海也
從遊于聖人之門搦筆方不能盡闡聖人之事者難爲言也其持
論亦殊有根柢不肯苟下一字

遊於聖人　一句　　辛卯　沈忻如

見聖人之大而羣言盡廢矣夫聖人之大不獨以言見也然亦既遊其門矣而猶以天下之言為大哉且世之好立言者紛然矣而人之驚其言者輒謂天下之文章已聚乎此將奉為不刊之言也彼其人所見所聞初無有大而無外者存則以其言為足與乎言之數也固怪噫彼非以蠡測海之儕乎（映合上文）而亦知有聖人之門在乎（補[illegible]意有[illegible]個別）夫聖門者羣言之海也不以言觀聖人而宗廟之美百官之富備於門以內焉是內聖外王之學所肆應咸宜者也聖門之大不盡以言顯也乃以言觀聖人而詩書之微言六藝所折衷具乎

門以內焉是纂修刪定之功以之明道覺世者也聖門之大亦即（落、句、得、力）（重○抱○上○截）
以言見也學者何幸得其門而遊之哉遊其門而外之闡其緒論（闕○中○肆○外）
內之發其心源顯之識其文章之華微之探其性天之與斯人之
溯流窮原者藉已全遊其門而知行體用教之歸日用切雅言之（語○精○切）
訓如愚者顏克復之旨質魯者得一貫之傳斯人之精義入神者（老○莊○忌）
為己至如是而謂天下之言可與于言乎哉彼其寂滅虛無顯與（綫）
聖言相悖者無論即有好學深思能研窮乎仁義道德之微矣而（荀○楊○是○也）
遊聖門者當之皆其擇焉不精者也語焉不詳者也不然附乎聖（作○此○一○曲○頗○神○愈○醒）
人所已言而表章之不暇者也而要非學者畢視其言而以為不

是比數也蓋聖言全而群言偏聞其全者不覺偏者之皆絀矣讀其（申韓之徒）法術刑名皆與聖道為敵者無論即（賈董是也）有通達治體能講論夫帝王平治之略矣而遊聖門者當之（群言包舉無遺）皆其知來而不知本者也治外而不治內者也不然竊乎聖人所偏言而僅得其緒餘者也而要非學者過尊聖人而以為無可與偶也蓋聖言純而群言雜聞其（聞說愈見聖人之大）純者自覺雜者之皆非矣徑聖人通言必察方謂淺近之內義蘊（迥應喻書）無窮原不必卻天下之言使之韜藏其論說此大海之所以不擇細流也而學者見聞既廣因知至論之中包含無盡自不能使天下之言與之比量乎崇深此觀海之所以望洋而嘆也其難為言

也。不亦宜哉。而其本又從可觀矣。

立言具有原本。故能洋洋灑灑。暢厥指歸。聖門不專在言語。文于起處即云聖門之大。不盡以言顯。先補此一層看題極爲圓徹。遊其門二比重發上半句。正合大註所見既大之意。他手多賛聖門之言謬甚。魯璵

遊於聖　洗

遊於聖人 為言　　金居敬

見聖道之大者天下之言皆可廢也已蓋有見于聖道之大則以聖人之言觀天下之言而其合者希幾乎且自聖人而論以言感人恃其淺者矣乃聖人而無言則已聖人之言則固靡言之所衷也而天下之言者猶且欣然自喜以為天下之美盡在於已幾何其不為望洋向若之嘆也吾茲以遊于聖人之門者例之觀于海者規異人以相較而其嘗遊于聖人之門者與未嘗遊于聖人之門者其所動之以非聖人之言與不得動之以非聖人之言則試之而立辨矣即一人以參觀而其遊于聖人之門以後與未遊于聖人之門以前其不

量其言之或謬于聖人。絕量其言之有當于聖人則揆之而迴殊矣。蓋天下之為言者肆志言之而聖人之言則不然也刻意言之而聖人之言則已然也聖人有言其所同得者故典謨誓誥之言雖異人殊世而若出于一人之辭何則理當故無二也而天下之放言高論者方且相率而為之矜其淺見騁其臆說而不勝其蔽也遊于聖人之門者以為聖人之言異乎此矣彼瑣瑣者不自揣其于聖人之道畧無所窺而于聖人之言妄有所訾議則當世之執簡操筆者羣謂之獲戾于前哲可也聖人所言其所獨得者卦爻彖象之言更四聖三古而各自為一聖之易何則旨遠故引伸也而天下之立言著書

二○意○皆○合○中後四股

○發、、提、擬、

此句○

項聖人之言○不然意

者方且相襲而為之守其羨闕習其訓詁而不勝其繁也遊于聖人之門者以為聖人之言本甚明矣彼沾沾者顧自贊其于聖人之道（原聖人之言　已然意）已有所聞而于聖人之言曾無所發揮則當世之勸說雷同者預料其莫傳于後儒可也且夫遊于聖人之門而不得聖人之言旨趣所存無貴遊于聖人之門矣雖為言者亦恃夫先入者有以主之也先（又頂不然意）入者有以主之雖有甚新奇之說而斥之以為此聖人之所不言者無延熒我聽矣遊于聖人之門而不究聖人之言變化無極如弗遊于聖人之門矣雖為言者又藉夫多方者有以待之也多方者有以（又頂已然意）待之雖有相附和之談而鄙之以為此聖人之所已言者無為拾我

本朝歷科大題文選　孟子

餘矣夫言也者道之寄焉耳而知其大者則小者不能亂也况其為
道之本乎
不然已然實能抉出所以維為言之故原評云六比文字每比一
意恢奇浩瀚雲海盪我胸臆

遊於聖人之門　照焉

乾隆乙丑　秦鑛

群言淆而聖道尊、觀道本者仍于其大也、夫以難爲言微道大則聖門作海觀可矣、而因大以求本水與日月不可靜驗而悟然、且夫景暴晳而昇大義于微言亦聿瀾涘窮源如炙其光矣、願道之體寂煥以文章道之用宏蘊以消息蓋百家紛而廣大以參觀意量而傳一本溯而端倪即發越日新而著則令人意遠益令人思深矣、試山觀海而進念夫遊聖門者無精深之積者好言著作不知古人一卷之書而中藏披露矣、登聖人之堂亦無過矜其議論丰采追與盱衡百氏乃知衆流茹納終于術盡而意消有淵含之蓄若意不盡言然而小儒一說之長則息素解人矣遊聖人之宇亦不過聆其風雅質文及與綜覽諸家乃知囊被有涯卒至智盡而能索難矣乎其何以為言乎其表章百代之識其陋可刪其是亦可存（劉○論）百川既東聖人猶樂資群言之助自遊聖門者觀之則相形見詘頓覺乖隔分離而無甚高論夫是以刪與存俱廢也而耳目之間別有淵深矣當衆響爭鳴之候其姿可黜其奇亦可傳狂瀾既倒聖人豈能闢廢士之議自遊聖門者觀之則擬非其倫縱後張皇幽渺而拘于其墟夫是以奇與正俱困也而俯仰之地別（首○呼○行○未○呂竹○節○跡○通○）徵準瀨矣大哉聖人之道乎且夫道果何以大也蓋聖人源流合

遊於聖人之門　照焉（孟子）　秦鑛

併粹之為繹矣不容斯題之為周旋悉中粹精至于不言聲名汶
字猶糟粕也而餘子坐窮與溝澮同涸者亦與爝火同息而學者
窺尋有要知理絕乎小言曲說自根極于簡易高深萬一歸于各
正禮樂詩書皆肯綮也而奧窔可尋因觀海而取象于俯察者即
固論水而通喻於仰觀今夫觀水固有術矣波流之不驚者亦水
也然勢緩則逝者如斯耳夫乍溢者其機必迅橐衆壑以朝宗波
之所激縈而成瀾瀾非本（透語）而實本之所為挹注也蘊蓄停泓坎實
其中有厚力而旁流不匱而不覩則不知矣日月則有明矣餘輝
之廣被者皆明也然勢渙則自他有耀耳夫燭隱者其氣必萃藏

陰陽以為用明之而凝斂而為光非本而實本之所為煥發也英華蓄聚雖塵其體有精氣而旁燭無疆而不觀亦不知其蓋大老雄道無藉發揚而聖人之門遊而無際帝編未啟即六經非蓋世之收局有識論有神采書溯夏末而自成一子無他其所從出者異也故體事咸在實意境遙深共切望洋而驚歎醞釀非關著述而聖人之本息而愈深道源既飫則名山非一家之傳筆削猶將獨有千古無他其所發越將殊也故流行不窮實退藏于密豈徒聽仰其末光然則觀聖人者亦由大以求其本可矣

堅凝卓鍊才氣無雙　唐蔚庭

遊於聖人之門者難為言　　二名　張興仁

言之難為者　故則遊聖门尚矣蓋聖至孔子道莫大焉既遊于其門則言尚易為乎故曰難也嘗思人之有言所以載道也而炎炎詹詹各隨其人之所見以為量所見者僅在於是則一得既足以自鳴相傳且駭為動聽隨声附和從風以靡均无與於斯道之數也難為水以覘海故則夫水以海為歸人以聖為的人如孔子斯寧非道積于己教施及人而自有生民以來極乎天下之至聖者哉理大物博而間有不盡之藏而聖人舉上蟠下際之充周賅而存之胥見乎其賾精多與終古有未然之緒而聖人

遊於聖人之門者難為　二百五　陝西

氣識大識小

見先所不齊總持，得其所適，久哉莫以加矣。而不遊于其門者，則茫乎其未有見也。自置身于[illegible]而親炙之餘，先行不與妙道所發宛然時行而生覺相與，先相與為即身而具欲辯皆忘其不待言而著者。此乎其遠不禦而近不遺也，亦概乎其未有聞也。一自幸列為弟子而授受之下，語為必詳，至教所流，擴如發聾而警聵，常得聞所不得聞，為善誘有方，相說以解。其恃乎言而言者，如此乎其大莫載而小莫破也。由是即思自立一發憤以[illegible]聖人之清而擬議俱窮，一辟莫贊。太既不足以窮化，小不足以盡神也。蓋聖道既極于先，如覺引伸亦

果○導○言○學○問○講　○見○周、題原

皆為贅說作心息心息極慘淡之經營而集文義卑辭感觸紆鬱
直不啻聞一奇字焉詎敢矜言著述哀自托於有裨有倫之文
欲旁搜百家以附麗于聖人之末而搜羅殆徧意恆為艱辭所眩
必其能文奇又未必其能遠也蓋聖言既書乎策善覽沾沾焉以窮
其緒餘繼復孤詣冥思神于懷之杼軸而繁稱博引機屬陳言宜
不啻息喙而摧其鋒而何從別有取裁敢相許以辭輯辭懌其幾
為言也若此無論言之不衷諸聖者已離乎其宗而置之存不
論而論不議即言之有似乎聖者未閎乎極則亦呢呢而愛而
愛斯傳然則
人嘗身試其難必不克九心知其故矣高深藏而致

嘆于得門哉　其在斯乎

發揮所以難言之故題無剩義筆有餘妍　原評

旋非實發揮其力淵滿　默生

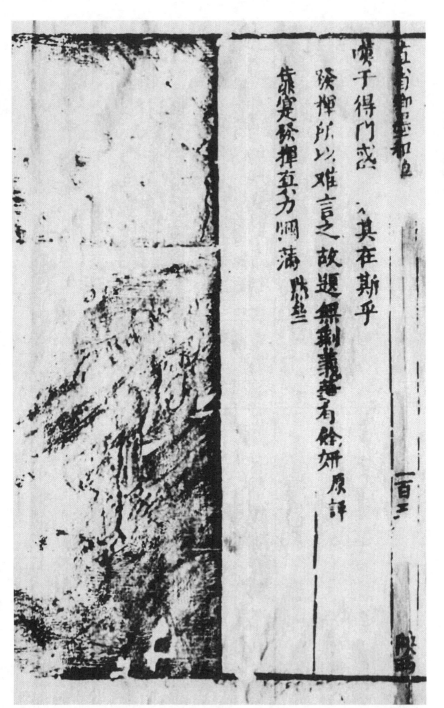

遊於聖人之門者難為言　陳世治

道莫大於聖門，遊焉而始知也。夫聖人之門，不專以言，然言之所象也，遊焉而覩見其大，有不難為言乎。且仲尼歿而微言絕，一切誣世惑衆之說紛起而莫可禁，吾不咎人之易其言，而惜其不見正于聖人之門也。（重提）（承通書聖門）夫聖人之門，而豈特其言云爾哉。其道德之高厚，固不以文辭為能，何嘗以其言求勝乎天下之言，而俾以戒則明，而禁則齊。（不專于言一層）乃教化之無窮，詎恐以義理自秘，雖不以其言求服乎天下之言，而（聖人不勝言一層）自今見其大而慨其小，然而得其門者或寡矣。彼不覩聖人之門，語（逆新題川力爭上流）道而不遺于器，而第見者乎之矜高遠，而以應務為近要，意聖人之（重頓上截）（轉之子周）

陳師洛特文　孟子　英葉齋

陳師洛時文　孟子　芙[illegible]

立禮如是也彼不覩聖人之門言近而不離于神而第見百家之務卑近而以自治為近安意聖人之致用如是也一旦遊于其門而怵然于聖人之道由大中以出而務高遠者非也彼聖人無所為高遠也然而高遠者不能過也則諸子之言高遠者皆偏耳且聖人之道（雖爲[illegible]畫）由至正以行而務卑近者非也彼聖人未嘗不卑近也然而卑近者（力透見其大意）不能及也則百家之言卑近者皆陋耳試為測乎聖人之道而歛則藏於密者放則準四海固無有如聖人之測而益深者也然則聖人（緣登山觀海）之門不猶水之有滄海乎試欲窮乎聖人之道而無得而踰者亦無（本揚子）階而升固無有如聖人之窮而益高者也然則聖人之門不猶地之

有春山乎然聖人且有欲無言者蓋將升其堂入其室而始得之而非徒遊其門焉已也是故君子務本

藹終援[illegible]

特以明聖人之道大耳若但云聖人之言為天下之言所不及殊不得題意重發聖人之門一切妄拚其藩者皆其所餘雜爲也

六雅

遊於聖

第三十二册　卷九十五

遊於聖人　一句　楊溢

見聖道之大天下可無言也天下孰不以言自見哉有遊於聖門者則又安所容其言矣聖道之大蓋如此且自聖人不作世無所折衷無怪耳目之隘而不廣也見其所見而不見其所未見則雖偶進一說而輒欣然以自詡為精非然者夫豈易為羣言之所惑乎觀海者難為水亦[illegible]聖人矣天下之水[illegible]衆而必以海為歸天下之言至紛而必以聖為一不觀滄海不知衆流之細也不遊聖門亦焉知羣言之涉哉夫[illegible]人之言而即動者樂其詞不察其理徇其偏不求其全彼夫嘗造門牆而請謁即與之言聖人亦猶

之乎蠡測耳。且夫聖人之道之大，固未易為不知者告也。其旨則（焉而詳。一言折心言。吳云語）仁義道德，其理則身心性命，其事則日用飲食，其文則詩書禮樂易象春秋。一人之所言，千萬人由之而不易；一日之所言，千萬世（至教聖門之言，為遊聖門者蓄餘）遵之而無弊。淺之有以為淺，深之有以為深，任天下之自至而不窮于所應。是故夫人不遊聖人之門，（筆力清勁）夫人而遊聖人之門，其尚謂以言見者之可與于言乎哉。非獨言之（總合猶仁不可為眾之意）妄者不足以當採納，即使考道論德，犁然有當于心，而在遊聖人之門者，則皆其所聞之緒餘也。所以諸子百家當下，亦共欲其才辯，而終不得與六經之作並垂于千古。非獨言之淺者不足以資聽聞，即使宗論密議暢發人所欲言而在遊聖人之門者則又其所聞之糾迹也所以刪定贊修諸賢亦與聞精意而終不能出一詞之美以贊夫高深其難為言也則以所見聖人之道大且然其中則固有本自焉矣

入手先承上文唱破題面以下將聖門之言極力振起折落遊于聖門者身上透發難為言之所點然出聖道之大筆力爽健

評易于入

聖

楊

遊於聖人　一句　萬儼

學聖者其見人愈微聖人之人焉天聖人不絕人以言也然聖言出

而舉言廢矣不可即遊其門者而見其大耶嘗謂從來（倒起）英奇之士莫

不各立一說爭自表見於天下推其意亦期天下之我從也乃必從

而屈抑之使不得有所逞則處言者為過刻而立言者之心亦將有

所不服矣然而有不得（取勢險）不然者誠有所以屈之者也置一言於此聞

而忌之甚私耳而於言無損也若（佳字寫得出）相形而見絀則取舍無中立之途

抑有所以服之者也置一言於此始而信之（對法妙）甚堅耳乃所聞益進也

則互參而弗勝將得失無兩可之勢且夫聖人之大（冊振起更為生動）也未嘗以言屈

天下而天下之言者屈焉未嘗以言服天下而天下之言者服焉是故特未遊于其門焉斯已耳當其風雨晦明而抱寡聞之嘆何寂寂也此時即殘編舊策亦覺旨趣之可尋惜也未親聖人也迨得高乎鄉國耆而請業卓然升東山之堂焉聆其文章緒論高深頓殊而向時之所見向時之所聞皆卑之無甚高論矣蓋聖言深而羣言淺矣淺故難也迨其交遊贈簪而獲良友之告寧落落也此時即小言曲說亦樂新奇之可喜惜也弗近聖人也迨得高乎天下者而從遊怳然入泰山之室焉聆其仁義道德風旨迥異而前日之所知前日之所賞皆淺焉棄之若遺矣蓋夫言余而羣言偏矣偏故難也世獨下

（其實都說）能使聖人無言任百家伸其說耳夫聖人無言人得各持一言以相爭乃自與聞秘與毋論涉言莫與爭焉即名言亦莫與爭焉此非故（雖為二言字遂其意）小其言也其人未大也言者苟自返之當亦深悔言之陋矣聖亦（即之而與）不必窮天下之言為吾黨重其君耳夫必窮其言人且曲護其言以相敵惟聽彼紛紜祗覺微言之與莫敵焉即庸言之淺猶莫敵焉此（歸列聖人之大）非故大其言也其人本大也言者苟自悟之無不樂求為聖人之徒矣益至于難為言而聖人益大耳

曲折寫出難為二字精思雋味令人百讀不厭其對股亦各變化

子未謂其得之前輩大家不謬也

遊於聖人　一句　股中生股法　萬儼　鄉墨

學聖者其見大愈微聖人之大無失聖人不絕人以言也然聖言出而羣言廢矣不可即遊其門者而見其大耶嘗謂從來英奇之（從辭稱言歸）士莫不各立一說爭自表見于天下推其意亦期天下之我從也（入）乃必從而屈抑之使不得有所逞則處言者為過刺而立言者之（生提比）心亦將有所不服矣然而有不得不然者誠有所以屈之者也置（此一比生第二比）一言于此聞而忌之甚私耳而于言無損也若相形而見絀則取舍無中立之途抑有所以服之者也置一言于此始而信之甚堅（生小比）（孫言緒）耳乃所聞益進也則必參而彌勝將得失無兩可之勢且夫聖人

之大也未嘗以言屈天下而天下之言者屈焉未嘗以言服天下而天下之言者服焉是故特未遊于其門焉斯已耳一當其風雨晦明而抱寡聞之嘆何寂寂也此時即殘編舊策亦覺肯趣之可尋惜也未親聖人也迨得高乎鄉國者而請業卓然升東山之堂焉聆其文章緒論高深頓殊而向時之所見向時之所聞皆畀之無甚高論矣蓋聖言深而羣言淺矣淺故難也迨其交遊贈答而良友之告常落落也此時即小言曲說亦樂新奇之可喜惜也弗近聖人也迨得高乎天下者而從遊恍然入泰山之室焉聆其仁義道德風旨迥異而前日之所知前日之所貫皆淡焉棄之如遺

（出人可知以前都是題外委婉搖曳層層剝入不肯一句直書）

（生後也）（趣得奚元）

矣蓋聖言全而羣言偏矣偏故難也世獨不能使聖人無言任百

（此一比先生第二比）

家仲其說耳夫聖人無言人得各持一言以相爭乃自與闡秘奧

毋論泛言莫與爭焉即各言亦莫與爭焉此非故小其言也其人

未大也言者苟自悞之當亦深悔其言之陋矣聖亦不必窮天下

之言為吾黨重其名耳夫必窮其言人且附護其言以相欺惟聽

（即[illegible]難）

彼紛紜秖覺微言之與莫敵焉即庸言之淺猶莫敵焉此非故大

（為言上推斷聖人之大得題本旨）（煞末留）

其言也其人本大也言者苟自悟之無不樂求為聖人之徒矣蓋

至于難為言而聖人益大耳

所謂股中生股法者蓋股止于此而氣已行于彼也故其文小

講生提比。提比生中比。中比生後比。後比生束比。而每股生比。又生對比。一股如一句。一篇如一股。絶無疊床架屋顛倒隔閡諸病。觀薦公此文。可以悟股中生股之法。田左泉

意中只是形容聖人之大。却借遊聖人之門者勘出。認定本旨。自然主客分明。張扶昇

遊於圣人之門者难為言

進入龍溪縣名蔡士達

聆聖訓者溯辟言可以見聖道之大也蓋聖人未嘗以言难天下也乃遊於其門者自見其难不可以徵圣道之大乎且自世有圣人而天下於是乎有言言固自圣人而立世有聖人而天下於是乎無言言實以圣人而窮何則圣人未嘗以言屈天下之言亦猶夫海未嘗以水屈天下之水海未嘗屈天下之水故不擇細流能成其深而不闕致謗於防川圣人未嘗屈天下之言故不息群喙能成其大而不闕取譏於防口言亦何难之有哉然特未遊於圣人之門焉耳未遊於其門覺諸子百家亦得以争鳴於斯世矣遊於其門覺方言鄰諺

漳州府

不得以簧鼓於一時。一有所聆乎詩書禮樂之旨，無論乎諸子百家不得以無稽之談雜陳於側，即使夙擅詞令之品，欲出一言以贊其高深，亦覺擬議之無從；仰自其關乎道德仁義之訓，無論方言鄙語不得以妄誕之說侈張於前，即使素嫻应对之才，欲進一言以揚其盛美，亦覺形容之莫罄，是非緘其口使不敢言也。蓋聖言深，辟言淺，佩乎其深者，不覺淺焉者之淺泊而寡味也，而乃欲諤諤然以爭鳴於斯世，是何異行潦之與海若爭觀也耶？亦非掩其旨使不得伸也。蓋聖言全，群言偏，聯乎其全，自覺偏焉者之卑卑不足道也，而反欲紛紛然以簧鼓於一時，又何異沼沚之與汪洋較量也耶？乃欲執拘

墟之見若固难語於廣大之覌徇一端之論者亦無當於精微之奥
然而既知其大又當深求其本矣

遊於圣　蔡

蔣栻之

遊於聖人之門者難為言

羣言屈於聖門而盡嘆聖道之大焉、盡聖人不禁天下之有言而遊於其門則羣言皆小也其斯為聖人之大乎今夫觀聖人者而徒求之於其言斯則其道之餘焉者也而正惟其為道之餘而天下莫得而外之亦莫得而並之盡聖人者道之所會而聖人之門言之所宗也特是不遊於其門方且見天下之立言者人著一書户持一說竊不禁流連而反覆之以為事物之精義理之秘生民不刋之論千古特發之奇真不勝遥覽而徧採之也而一自遊聖人之門焉徵之為（性道文章原不分兩截）性道顯之為文章博綜乎禮非詩書根極乎仁義禮智樂幽深遥渺

之理而旨趣如在目前即尋常坦易之途而廣大為之悉備其得聞乎此者蓋茫乎不知其畔岸也浩乎莫測其津涯也此真極天下之

連接上句觀字似含自然

大觀而無憾者矣而由是出而觀天下之言無論淫辭之必放邪說

撇流一筆

之必窮無稽之談勿聽也即使竊聖人之緒餘分聖人之一得欲以

疊落自喜

之信今而傳後而第覺其繁言之則已支約言之則已累也切言之則已罔大言之則已夸也淺言之則已粗深言之則已晦也直言之則已率曲言之則已迂也極諸子百家之撰述而總無當聖人之高

將群言推上一層則辭為之更十倍精神

深任賢人君子之發揮而莫能窺聖人之閫奧是有聖人之言而天下之言皆聚亦有聖人之言而天下之言可廢也不亦難乎其為言

也哉夫聖人之門原不徒以言表異於天下而天下之言終不能以
○緊○繞○聖○道○滿○
其道爭勝於聖人此非聖人禁天下而使之不言也總之有聖道則
○嶒○源○
有聖言而天下之言不足取也然則不觀滄海不知衆流之細也不
遊聖門不知羣言之小也則甚矣聖人之道大而無外也

見理透出筆爽排句中氣極縱恣絕似曾子固華劉子政文字表

眉步

遊於聖

遊於聖人之 一句　劉民信

尊聖以定羣言之宗易言者知所適矣甚矣聖人有言則凡為言者無可言也遊其門者亦知乎夫聖人之於世非徒尚乎其言也學者稍有一得往往肆為論說謂可鳴于當時而傳于後世而不知其所為言者皆聖人之所不屑言者也而顧傲然思以其言爭勝于聖人其亦未嘗奉教焉耳矣觀于海者難為水又何疑於聖人哉夫聖人出而天下之好為言者已衆矣諸子百家莫不各持一說以相衡謂聖人有言我亦有言顯悖其旨而橫肆其辭是欲與聖人較長而絜大也不知者亦從而附和之聽其辭歆其說而洞欣慕稱

　　康年汪函

誦于不已而孰知其亂作于聖門哉嗟乎言興而紛亂異端

起而未道辰聖人不能禁天下之有言而言之者日多然聖人不必

禁天下之有言而言之者亦當自熄何也彼蘇為其說而無所畏樂（重根唯聖門有功）

聞其辭而非思適者皆立乎門外也見聖人之門則數仞之牆而

且美富之觀若陟山者之窮于仰止遊海者之驚于望洋焉得其門（高一層深一層）

者哉寡矣且夫遊于聖人之門者豈必其書之云爾哉然而特闡聖（涵〻括〻）

人之言亦因以知聖人也天〻言〻物則貫古今而無不通言道德

則集帝王而無不備言〻則合天人以爲歸言倫常則綜智愚而

孰孰高言也而非奇精言之而非縱近言之而非錯然多言之而非

故約言之而非簡，罕言之而非隱也。學者誠得親炙于一堂而備聞其議論，夫且自悔其所□之陋，而安有敢為其說而無所畏樂聞其辭而不知返者。蓋嗟乎，欲游涉之人而爭奇于海若，誠知其難也。彼遊于聖人之門者，其于言也，亦若是則已矣。

風雨爭飛，魚龍百變，當與萬馬並驅中原。曾漢聽

一筆揮灑，自具起伏頓挫，快若并剪，爽若哀梨，但覺興會標舉，絕無艱難勞苦之態。

二十三

遊於聖人　為言　江西　劉民信　二名

聖以定羣言之宗易其言者知所返矣甚矣聖人有言則凡為言者乎可言也遊其門者知之乎夫聖人之于世非徒尚乎其言也學者（日月出而灼）稍有一得徃徃肆為論說謂可鳴于當時而傳于後世而不知其所為（火滅六經出而諸子百家息）言者皆聖人之所弗屑言者也其所蘊者深故其所發者大也覌于海者難為水吾是以益思乎聖人夫聖人一出而天下之好為言者已衆矣諸子百家莫不各持一說以相衒謂聖人有言我亦有言不難顛悖其旨而横肆其辭是欲与聖人爭勝也而不知者且從而附之聽其（惡其亨）辭而惑其說日相与欣慕稱誦于不已彼以為吾言之固自乎難耳而孰知其已見斥于聖門也嗟乎羣言與而衆聽乱異端起而大道衰有

○○○○○○○○○○○○○○○○○○○○○
聖人而言之者日多然有聖人而言之者亦當自揔何也彼敢為其說
○造○聖○門○字○精○神○○○○○○
而后所畏樂聞其辭而弗恩逐者皆立乎門外之見也聖人之門列數
○○○○○○○○○○○○○○○○○○○○
仞之墻而具美富之觀若登山者望崔巍而絕其仰止若觀海者觀溟
○○○○○○○○○○○○○○○○○○○○○
渤而嘆其汪洋蓋得入其門者亦已寡矣若乃進聖人之門即聞聖人
○○○○○○○○○○○○○○○○○○○○○
之言既聞聖人之言即知聖人之大其言事物則貫古今而無不通言
○說○得○透○闢○○○○○○○○○○○○○○○○
道德則集帝王而無不備言性命則合天命以為歸言倫常則該智愚
○○○○○○○○○○○○○○○○○○○○○
而載範高言之而非夸精言之而非幽近言之而非淺多言之而非煩
○○○○○○○○○○○○○○○○○○○○○
約言之而非簡畧言之而非隱迄今登泗水之堂車服禮器猶在也精
○○○○○○○○○○○○○○○○○○○○○
微言未湮也讀其書恍見其為人不必躬為追隨而音語不啻面命
○○○○○○○○○○○○○○○○○○○○○
不、為援受而訓迪乎異同堂彼終〻多言者誠能於聖論而知悟

貫串前說之已非若洪水之橫行而安瀾也若支流之異派而同歸又安有敢為其說而今所畏樂聞其辭而不知返者哉故曰遊于聖人之門者難為言

出落入題處見机脈點逗字眼處見手法關通章旨處見針線接會前文處見波瀾除去枝葉處見断制是異樣灵活文欲為板重下針硃

翁東山先生

難為言三字猶云凡水皆水也而海稱大凡山皆山也而東山泰山猶大要說聖人之大上立論有講似闡先聖闢異端一路者是何實實此則善體註意恣情揮灑首尾裁鄣筆墨之痕都化尤妙着眼遊聖人之門五字百倍精神

蔣梅士

# 游於藝

康熙己卯　杜定京

學貴有養、無忘幼儀也、蓋藝之習也、自其幼而已然、於以游焉、所養不更深哉、且吾人自立志而後、所學者皆聖賢心性之事、要而（借）游之（引）使自得之、雖有異物不足以移我情也、然而天下理與器不相離、粗與精而相貫、詎曰形下者之皆迹、遂無事六藝之教乎哉、古人於藝必不苟、遊其原本在于形容物理之賾（貼至理所寓）、而其後乃著為少儀循習之文、古人于藝亦不苟、習精其一二足以為專家有用（貼日用不可缺）之才、而攬其大凡、亦可以為理性閑情之助、是故道德仁之外、功有藝也、志據依之餘、君子游焉、將以玩其文、𨙻禮則有五樂則有六其燦然于制作間者懥吾自成童以徙周旋于聲詩籩豆之旁亦知其不可斯須去矣何日習而終守其緒乃知向者童子之舞（方晃據依後步存頃桂）有司之事猶無與爾是在引其文而神之無論見淺見深止覺聲容制度之為不可厭則節奏皆精微矣至究其精微而我游之之情夫亦可以暢然也矣將以備其法數五射五御六書九數（分貼工細）其繁然于旦用間者憶吾當就傳之年並談于方名數目之教或疑于壯夫所不為矣迨少長焉而不能辨一事乃知列于司徒之所賓保氏之所掌誠有故耳是在如其法而習之無論歷時涉彼莫不從容變化而各盡其神則小學即大成矣至比于大成而吾游之

之情夫亦可以快然也矣學之功患其易閒獨至於藝則以得間

而可親吾正業之未遑不妨俟乎其暇吾心思之可用未嘗聽其（是志據依後工夫）

有餘無或曠也無過急也以適吾天焉已耳學之功患其不專獨

至於藝則雖不專而無害吾此事之未精時亦參觀于彼吾一時（亦如出王游衍之義妙）

之告瘁亦可轉而之他無或拘也無相苦也以流吾機焉已耳試

觀古之人多才多藝知不廢夫游之功爾休爾游類皆資乎藝之

養夫古人未有不游于藝而可以言全學者

（游字刻劃）

註 此句不惟游字深藝字亦全別按語類此雖小學至依于仁既

熟後所謂小學者至此方得他用又能依於仁則其游於藝也

蓋無一物之非仁矣。然近日作此等題。亦畧能依據儒先。但經無筆人。了無生韻耳。若此推排陳宿。自出清新。庶無變才人為學究之歎。

游於藝　杜

游於藝

江西李宗師歲入撫州府學三名　應斯鳴

器也、而理寓焉、無謂玩物而喪志也、蓋藝雖器數之末、而理之全體、固無不該也、朝夕游焉、則玩之於外者、不即所以養其內乎、今夫厭修之來也、近取諸身、亦遠取諸物、其顯之為日用飲食、深之為仁義道德、斯固極其至賾而不可惡也、誠能博其旨趣、通萬物之情、以全神明之功、斯推之可遠、非虛而無濟、引之可近、非物而不化矣、如志道據德依仁、凡皆近取諸身者也、若夫發為周旋揖讓、播為羽籥鐘鼓、而散見於射御書數者、則又有藝在、吾嘗觀古人之心術不盡傳、而或傳其泮奐優游之雅度、或傳其流連反覆

（好扭髮）

之深情後之人是則是傚亦且為之援瑟鼓歌快然滿志恍若名
理之來會此其故何哉是可為已經者道未易為不習者言也故
藝非游焉不為功筵席之設樽俎之列有司能掌之而不能游之
也必知禮之不可無而後知道之不可廢知禮之不可虛而後知
奇想天開未理却症
月前
德之不可薄又況斯須不離禮終食不違仁藝與仁不當易地以
相觀哉綴兆之行干戚之執童者能舞之而不能游之也必知優
平中和樂寓為道之本氣盛化神樂為至德之華又況斯須不離
樂三月不違仁藝與仁不亦理同而事異哉若夫藝中有射所以
更奇更秘
復古道也志正而體直盛德形于持弓審固之間正已而後發與

仁同乎不怨反求之義游之其可緩乎藝中有御所以示不枉道也以德為吾御斯能無棄爾輔以仁為吾載焉且員于爾轎游之豈小補乎至於易結繩為書契術六于於一畫此亦道德之資而依仁之藉也亦文綠字可考諧聲象形之奇鳥跡蟲書如見黃農虞夏之意惟在游藝者之善悟耳且陽為奇而陰為偶天主一而地主二此亦道德之助而依仁之方也入卦九疇因其象而明其理方田粟布習其數而悉其精惟在游藝者之自得耳要之分其藝以為游則神明各載以出而玩物適情遂有左右逢源之致合其藝以為游則放心雖伺其隙而平常參稽忽闢望外莫逢之奇

奇偶以皇帝特正

天下考卷洪鈞　显六　翰墨

所謂近取諸身。而亦遠取諸物者有如此、直將禮樂射御書數。擘開六比。字字的當。道德仁縫夾在內。又恰是酣請游字如此細心。何妨騁才背誦經書。神閒氣靜。覺非口耳之學。二藝成。急取觀之。令人沉吟不置。謝朝英而啟夕秀特文章一事。自吾烏量其擴充所至。原評

游於藝　應

新穀既升

廣東惠宗師科入番禺縣學十八名　李文彩

觀日至于先疇生我百穀矣夫當其敘載南畝豈無雨露既濡之感乎乃新穀既升矣田思東作此日不已西成今夫時食思親逢新必薦君子有終身之慕豈隨歲月而減哉雖無厥父之菑既播春酒之介難留則撫杯棬而慨嘆不無秋成凋謝之傷而望崇此[illegible]急惟實有裘葛已更之異誠離原田之每每不月悼時歲之涵涵也乎如舊穀既沒矣昔之惠德及稱多黍稌于高廩者亦既為酒醴以妥先靈乃冠韡之素依然而豐盛之供已罄則悠悠天運剝復斂闔昔之獻羔祭韭酌兕觥于公堂者亦既急輸將以供

秉禾枝入　領

論語

力役乃饘粥之啜未改而秸銍之納旋更則萑葦韶光升沉倏
原批夫然欲帶
覩場圃之方滌豈為目無多而皮弁素服將行一歲送終之祭一望
當蜡為所用二意本知求收
八蜡之既通知歷時已久而葛帶榛杖共肆四方表穀之儀一新穀
不既升乎一念父母勤勞稼穡艱厥嘗腆則見今日之穎栗秬秠
豈遂忘先時之櫛風沐雨攄斯新穀得無有感慨吁嗟悼恨乎吾
抉摘然字下支
覩之不永年者乎彌思由翁督家聚而流迴之始之舉趾于耜幾
何時經之芟柞荼蓼錢何日經之以錢鎛銍艾之穫何功殆屈指
如往
難更僕數念當年菽水承歡膳依依膝下則見今日之手蘇蔌蓼曷
由處合類以濟濡饋醲剝茲新穀徧無有太息悽愴哽咽乎吾親

線、書、詩、範、經。
之不食新者乎獨是自有實其積而會計之一則用其澤〻畧〻
不減三都兩京賦
幾何時再則俟其綿〻歷〻幾何日三則收其捶〻粟〻又幾何
二比閒分章意仍切本題
功殆閱時誠覺悠長則勿謂閒闊耕助無闕學之餘求也因天
秉地農夫亦且陰陽之識想其未升之先三時不害故東作西成
之弗與其候南訛朔易之必審其玄往復循環已參儒者將行之
禮耶謂愚夫播種無閼理通之精微也歲晚務閑勤徐亦有其惱
更妙
之慮想其既升之後而計無憂故衣裘有弗禦之虞鐘鼓有弗考
之患甚樂永日且偷大人通變之權一藉觀改火之用而喪冥必以
乎

步步從本題闔合正旨。不逼不侵。而用意之新。取材之典。氣機之渾灝流轉。各各臻極。可謂文中之豪。原本後比太冗長。又多絕下語。故取十二名。何君則書作易之。

新穀既　李

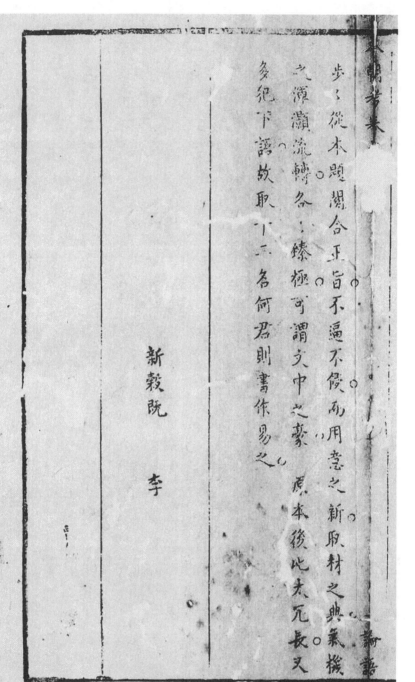

新穀既升

河南學臺歲入
洛陽縣學第一名　姬輯

賢者有感於穀之升若欲舍其舊而新是謀也夫穀之沒以去升也幾何而予則曰亦既久矣於此得更新之象焉今夫時序之足

揄道

以動人感也春露重以秋霜而怵惕因之悽愴況萬寶告成吾先

有類致切喻用吉詩洽合

人且不食新乎然雖要經之未除而屈指流光來者日以新逝者

穀撓

日以陳矣穀何以舊以新之者舊之也則試進觀之野老之顒望

既字前托起一層抑是逗出書心事令人絕倒

嘗殷當夫祈穀之日即有實穎實栗之思然而田功之畢動以歲計苟為時未久則依然我取其陳一田父之心期甚延當夫播穀之初已有如墉如櫛之異然而農事之終必閱三時苟為日無多猶

勿屢維禽其饗有如新穀而升焉錢鎛則既痔矣銍艾則既觀矣（接出既字）而歲晚務閒者每驚心於月月之除試一回想焉其自于耜舉趾以來春而耕夏而耘豈伊朝夕哉曾不知人事之幾更以有此升也場圃則既築矣禾稼則既納矣而于茅索綯者更預籌夫播種之始試一追憶焉其自黹豐種茂而後苗而秀秀而實豈猶如昨哉曾不知天時之幾易以[illegible]此升也（延挖久字仍如[illegible]妝佳）歷平疇而極目迎貓迎虎咸快意於有秋而曩者胼手胝足之苦益遂成往事矣（已遺安寧求息）則由始迄今新與舊相仍孰云前事之非還登隴上以騁觀擊鼓吹豳[illegible]娛情於終畝而後此耕雲鋤雨之勞益未遑逆覩矣則自此以往新與

新相積更覺後期之正購將爲春酒以介眉壽而相慰於[illegible]新者已屬不堪回首則觀物思親人必謂穀不如新人不如故也將則黍稷以奉饗祀而告虔於薦新者無如長此終天則時異事遷吾竊謂穀已可升喪亦可除以登穀新則喪非新矣是亦不可以已乎

○儋○出○不○期○直○窮○到○處○

○偽○以○孝○子○自○居○於○

上注已久下照女安詮發本題無一滯筆逕驅使卷軸雲山維

周始鮮明也　顧景嶽

雍也仁而不佞

康熙[redacted]　汪兆基　璞霞

稱仁者復求佞或人之見也夫或之意中止知有佞耳仁則弁不識也故於雍之仁也則薄許之而於其不佞也則深惜之若謂當吾世而徒高談道德久矣其見笑于世也然使德全而才以濟之豈不甚善無如嚮世不多全德聖門亦少才華則盡思無德者固非全人而寡才者亦豈為完士乎何以言之國家之取士行舉尤必言揚儒者之持身方言並于立德竊嘗持此以相天下士而弃雖有兼者即如雍也夫子之高弟也吾嘗厚期之期其仁也期其不佞于仁也始吾不解人之何樂有仁也勞其心彈其慮似仁亦

天下之至苦矣而每見處士道及之意者仁亦人生之美德乎觀于
雍而動無踰禮殆抑抑乎有長者之行也吾亦不解雍之何樂有
仁也涉世則蹀奏效則虛似仁亦天下之至迂矣而每見夫子亟
稱之意者仁亦學人之能事乎觀于雍而柔而善下殆優優乎有
德行之譽也而惜也其佞止此也夫所貴士君子者縱未能建功
立業亦惟奉簡書善辭令以折衝萬里間而次亦不失為才辯之
上為人排難解紛取重鄉里耳是皆佞之明效也有佞而仁可
以通方有佞而仁可以華國有佞而仁不病于拘有佞而仁不窮
于用而無如雍未之逮也且吾見當世之佞者矣弦高詭卻秦敵

祝鮀能長蔡盟是皆一言而誦仁人之利溥者則學術亦為增光
也而雍也醇謹人也醇謹則悃愊有餘而機警不足一旦事有緩
急方思善辨者以商之而吶吶不出將焉濟乎抑吾見及門之佞亦有層次
者矣宰予素善說辭子貢亦能億中是皆一言而數仁人之譏如
者即聖門與有生色也而雍也訥畏人也拘畏則持重老成而退
藏若訥一旦國有大事方思能言者以與之而默默取容庸有益
乎嗟乎人生世上言論風旨安可忽乎哉護言微中乃曰通材謹
厚為愎豈云絕德學仁不成或不失為佳士學佞不成則將流為長收仍見關意
拘儒矣雍乎吾懼汝之不免也

或人安知仁只是厚重意耳其意重倚直須說做學者大學問大經濟跌轉不字方見極是缺陷此文體會最精。平提側落分作上下兩截而仍用雙收法更審緻

# 雍也仁我不欲人而加諸我

雍也仁 汪

義人路也　錢世熹

大賢以路釋義而義親于天下矣夫天下無離路之人而有離義之人是未知義之即路也深思之當有甚親者今夫人生而即有者仁之下義而已矣吾之言仁義也分先後而世之言仁義也分內外于是義與仁不得並重于天下若然特仁為人心而義遂不得為人心乎夫義固有不得為人心之時而要不害其與仁並之旨何則人有心而即有身有身而出入之事起焉使心得其歸而于身無攸往之利非所以安人也而所以安人者則義也人有心而即有事有事而酧酢之徑開焉使心得其里[illegible]事無允蹈之宜非所以全人也而

所以全人者則義也〡許人之心不猶人之有心乎許義之為人

此告子所以指義為外而

路也不猶仁之為人心乎〡凡人終月往而路不與之俱往終日来而

不知其義也

路不與之俱来路之不附于人亦明矣視心之與人附者似有間雖

書手借粗形細

然天下之與人附者必附也乎哉飲食居室之事與人何親而必不

妙解

容以一日無天之生是使附也義之為路亦若是焉則已矣凡人終

方是人所共由

目往而路不能禁人之不往終日来而路不能禁人之不来路之不

分則并上

為人私亦明矣視心之為人私者似有間雖然天下之為人私者必

私也乎哉耳目手足之贊與人何殊而必不忍以公物視天[illegible]之生

是使私也義之為路又若是焉則已矣則有所謂達道者義之通乎

彼我也有所謂周行者義之達乎邦家也義在而君臣父子俱有相（語豈小家所得夢見）（真是深入理窟之）
見之大塗路莫通乎此矣人亦安驅而至耳則有所謂砥矢者義之
著乎儒修也有所謂蕩平者義之昭于王事也義在而遠邇高卑各（義只人路須入由之始得）
有會歸之皇極路莫便于此矣人可不擇地而蹈哉今而後世之言
義者可廢矣義即是路彼之所謂義者非義也即言路者亦可廢矣
路即在義彼之所謂路者非路也
義為人路異端遂指為外不知路在外而所以由者仍在内也事
父則宜孝事君則宜忠豈亦在外乎知此則路亦不是外物異端
自打成兩橛耳此文句[illegible]欲出人路分得開却合得攏直

天蓋樓偶評　下　庚戌　小題觀

義人路也（下孟）　錢世熹

天蓋樓偶評　下　庚戌　下　題鵝

可羽翼傳註不徒以厭飫覉　葛孫丁

義人路　錢

道之不行已知之矣逸民

歲試嚴州府
學一等一名　王世紀

不[illegible][illegible]而廢義可合逸民以參觀矣夫知道不行而不能不仕者聖人之心也不然知逸民者豈不獨有千古哉且斯道之顯晦具識先之智者皆得熟計焉以卜此身之出退也顧聖人之任大
融洽分明
故道窮而心不能自已賢人之品高故道除而節有所必伸如徒曰眠遯為高也將栖栖者寡識而尚論唯崇獨行已爾君子之任為行義行義所以達道也顧義係一身之行止道關一世之隆污否一己身者士之自我在一世者未之自人我可必人不可必此千古有心人所以悼時事之日非而不能不藏其身以有待也嗚呼

是非道之不行。故至是哉。且行與不行。亦非有難知者。知其當行
不仕隱則已。屈鴻則已。冥士蘊所有。而不施于世。多自放于山
澤水滸之間。此事處其逸。而名教綱常之義。且任一世之隳壞而
不恤一身。具不行而不能不仕。權可以伐。跡可以削。吾道非耶。而舉
世莫容。猶宛轉于馬足車塵之下。此事處其勞。而栖皇奔走之素
異以觀時之遠識。而非疎而一二隱居之士。猶若聖人有未知者。旦一氣貫注
噫。是亦不足以知行義之本心哉。夫道之不行。非惟夫子一人之憂
柳下惠之賢。達有志節之人。所為日夕摒心者也。頓其頹力不容此逸民之出于孔子
成者有限。少之不能行道。濟時引斯世斯民為己任而下又不必

總泝巢由比有卞務以自逃于名教之外于是時代不同淈泥非

（凡逸民之不物隱者）

一而其人品有較然者吾得即其不易世不成名而概之曰逸又

（水落石出側有自然）

得即其實無位高無民而列之為民黃農虞夏以來宇宙只此勞

心之局至不為勞而為逸擇之大道為公之日不應有此事也而

（花上無痕）

著人獨于已溺已飢而外別成抱道之芳規在乾之初九曰潛龍

勿用夫用則升之庸之而勿用則逸之參經綸天地之略古今皆

諸有位而成至不在位而為民猶在君子道長之時不應有是人

而君人獨于齊民編戶之中隱者守道之介節在蠱之上九曰

（以後幾為統筆）

不事王侯夫事則君之相之而不事則民之矣凡此者豈非道之

不行族至是然則知其不行而行之者聖人之任道以任義也知其不行而不行者逸民之守道而亦不失義也若夫一節一壑飄然遠引其人且不能與伯夷諸人比節況聖人之大道乎

上截不顧行義下截看作隱士落筆都無是處此作獨有見解

道之不　正

道之不行　叔齊　　翟灣

不
道不行而廢義難語於義士之逸焉盖道不行而不逸是乃
夫子之義也若夫夷齊之逸又奚計道之行不行哉且聖賢之遇
合不可期而聖賢之出處尤不可測故時會[illegible]傳雖聖人亦無如
天下何而隱淪卒非其所甘乃孤介性成則天下終無如之何
而用舍並非其所問此盖有未可槩論者君子之仕所以行義故
當滄海興嘆終不以身而避者效古人北[illegible]之風即謂東山可老
究不以道而隱者歸當日西山之跡此物此志也乃或其姿
如國徬徨不去以竟不知貞農既沒遂跡無逸亦欲以行義

頭計也又豈謂然哉三年期月之效自以則勃然莫然國不□臨河而返知為非其時不立矣今欲起山澤之老而告之也豈為同興有日也一召我用我之思虛願徒存寔效安在乎不獨憾深行知為非其君不事矣今欲進肥遯之士而示之也豈以為共濟有期也蓋道之不行已知之矣嗟乎人生世上得君而臣使大道行而大義彰豈不難哉猶憶吾周盛時崇進方隆人才蔚起韜略佐著定之猷禮樂壯新朝之色而且訪嘯衍藪不匿之穴陋以致降而等播棄之黎老而且封國以續出絕之王孫亦得起而同尊顯之大勳猗與盛哉有遺者忽斯其無遺恨矣乎即我孔

（帝不孔子被濁老成）

下殷人也。假令生當其際，應亦佐王者成名世耳，豈復沉淪自盜世之民作高人之逸哉。乃其時竟有伯夷叔齊其人焉，與兩人者，使其長幼有並，則得地而君，道自可行于一國之中，（蔡拂如玉樹交）而彼也遜之而逃，不難以社稷之子下降于畎畝，即不難以富貴之熱獨（聲調逸響）守其孤高。且使其與歸不遇，則得君而事，道更可行于天下之大，而彼也恥之而隱，不難以卿相之貴自等于編氓，即不難以物內之軀遯然于世外。遂以爲伯夷叔齊其果若予而或者曰夷齊之逸者亦有所不得已也。彼雖生際周初，維時寔商之季也，故如一諫我周，亦謂之義士而不謂之頑民，然則當世之操識作歌以僅

近科考卷[illegible]集　論語

曷暴夫豈不曰道之不行已知之矣哉一畀而知夫子之言道也

難於不逸而逸也其爲欲仕逸而不逸也夷齊之于逸、尤爲道

行、也見爲道不可行雖行不行也此其所以異與

孔子知道不行而不逸夷齊當道可行而終逸抱定與旨作對

鍊起訖劃然上下截亦水乳交融矣行文尤典秀名貴　評

抱定首尾摠以議論成文不同鋪叙點綴作錚錚細響　熊卜九

道之不　翟

道不行乘桴浮於海　方舟

聖人而思與世絕、可以論其世矣、蓋至春秋而世教之衰、生民之禍將極矣、夫子道足以濟之而不行、豈能以而與之終古哉、此浮海之嘆所以發也、謂夫君子之道、或出或處、事在天下而已、無與焉者也、然吾向者以為道不行而無以處天下也、今而知道不行而並無所置吾身也、（振神緊脉）昔吾極目于滔滔之天下、而幸遂道之粗有所成也、蓋爾天時人事之無所復之者、固以有變通之勢、（便已呼起下句）而東西南北之惟其所遇者、豈遂無上下之交、而不謂世之與道相厄也、持非其具而不能入、其敗之者非一道、其病之者非一人、天之所廢而誰能與、非惟無

本朝考卷小題篋中集

所得于今亦且無所望于後道之不行後何說哉○雖然使丘之道雖不行而生當有道之世則山林畎畝皆可抱而樂之以終吾生也而今之世何如世哉○視其上則無國而不亂視其下則無人而不矜長

○原○評○屈○經○哀○欲○大聲○疾○欲○絕

○如○此○激○出○淳○海○意○深○情○若○新

與之共處于域中非目見其人即耳聞其事蜎蠕者自顧豈有窮期

○更○妙

耶○視其國則皆有可以清明之理○視其民則皆有可以仁壽之形柰蹙蹙坐視于局外而于此焉蒿目于彼焉愴心栖皇者豈能越于人

○原○評○古○文○境○界

境耶○天事之無可柰何者轉轉以自苦無益也而情之不能自決者非計以斷之不可也使吾身而猶在人群之中雖百慮其無成終接時而心動亂然者將以終身使吾身而已在遐荒之外則懷憂而莫

致雖欲拯而無從此中亦庶幾少釋夫古之君子得志則行道于中國不得志則匿跡于海濱美哉洋洋乎使丘乘桴以浮於此而尚憂世之乞吾道哉而斯時環顧吾徒知有躍然而起者已

知此寫出聖人憂時憫道胸懷乃與憤世長往者迥別其文品之峻潔較之璽樂似更高也　武曾

全就道不行上死轉做出下句來入手已領全神以後逐層類推從子口上自解自訴浮海逕述一條與回有光作同異曲而同工也

道不行乘桴浮於海

上元縣鮑學師
月課本學一名　方舟

聖人而思與世絕、可以論其世矣、蓋自春秋而世教之衰、生民之禍將極矣、夫子道足以濟之而不行、豈能忍而與之終古哉、此浮海之嘆所以發也、謂夫君子之道。或出或處。事在天下而已無與焉者也。然吾向者以為道不行而無以庇天下也、今而思道不行而並無所置吾身也、昔吾極目于瀚之天下而幸吾道之粗有所成也。蓋謂天時人事之無所復之者因必有變通之勢而東西南北之惟其所過者豈遂無上下之交而不謂世之與道相厄也。特非其具而不能入其敗之者非一道其病之者非一人天之所廢而誰能興非惟無所得于今亦且無所望于後道之不行復何說哉雖然使丘之道雖不行而生當有道之世則山林畎畝皆可抱而樂之以終吾生也耶（原評猶絃哀艷異常縱絕）今之世何如世哉視其上則無閒而不亂視其下則無人而不孫長（如此伏出滑海意深情若新）與之共處于域中非目見其人即耳聞其事駒驕者自顧豈有窮期聖如其國則皆有可以清明之理視其民則皆有可以仁壽之形第悠然遐覽于甸外而于此焉蕩目于彼焉愴心棲皇者豈能懟于人（原評古文頓來）境耶夫事之無可奈何者徒轉以自苦無益也而情之不能自決者非計以斷之不可也使吾身而猶在人羣之中雖百慮其無成終撓時而心動儳然者將以終身也使吾身而已在遐荒之外則懷憂而莫

歟雖然極而無繼此中亦庶幾少釋夫古之君子得志則行道于中國不得志則匿跡于海濱美哉洋洋乎使丘乘桴以浮于此而尚參世之厄吾猶哉而斯時環顧吾徒有躍然而起者已

全就道不行上宛轉做出下乘入手已領全神以後逐層頓挫心心口口自然自新浮海意一點與田有見作固異曲而同工也

道不行乘桴浮於海

國子監　吳少司　戴名世
成月課一名

聖人當世之不用、而設為遠遊之思焉。夫浮海豈聖人之心哉。因道不行而發遠遊之嘆。蓋傷之也。且夫人於忤之至深者。（便○得○題○情○）或託而為忿情之言。於望之已絕者。輒憤而為望外之衆。丘於今日。蓋誠有所不得已而易慮。變計有不能一刻即安者矣。夫道窮而欲轉。則今之日固大有為之秋也。而何以卒不轉也。人情厭而思治。則今之人亦大有為之資也。而何以卒不治也。嗚呼。蓋道之不行久矣。懷西方之青而美人不作。抱東周之志而用我無期。則惟有乘桴浮於海焉耳。而（放○寬○一○步○活○甚○）（泉○評○真○開○大○）海之內誰非吾之一體者歟。奈之何其決然而舍去也。但令愁嘆之

不忍癸忘者非憤激語也

聲隱慮之狀吾目不之見也吾耳不之聞也則吾懷可以暫釋也四海之內誰非吾之痛心者歟柰之何其恝然而長往也但令諸侯之國斯人之徒吾轍不過於其墟也吾身不入於其俗也則吾責可以暫謝也雖同冀山顏水之間亦可以自適然而居其地而不憂其憂

為浮海■閒

吾何忍為執若誰人而立乎獨者之為待乎況夫幽眯荒絕之區亦足以易俗苟能寓其境而即人其人安見不可處焉何必盱衡而入

又捷嘗一費慕思

於世者之為是乎從一葦之所如而與波上下身為域外之人自不與域中之事此吾之所為托而逃焉者也凌萬頃之汪然而烟視鄉國滔滔者天下大抵皆同而栖栖者此際稍為能息凡吾之所為樂

原許海情無限

而終焉者也嗚呼夫非道不行而吾胡遽為此懷也辟世之心忍且

變為避世之計而不用之身自宜置於無用之鄉然而送我者自崖

而反而由也其往矣

清深靜活恰得聖人胸懷本趣對照便覺子路之喜爾真入神之

筆

道不行　戴

道不行乘桴浮於海

康熙己丑　戴名世　田有

聖人傷世之不用而設為遠遁之思焉夫浮海豈聖人之心哉因道不行而發遠遁之嘆蓋傷之也且夫人於情之至深者或託而為忘情之言於望之已絕者輒憤而為望外之舉立於今日蓋誠有所不得已而易慮變計有不能一刻即安者矣天道窮而欲轉則今之日固大有為之秋也而何以卒不轉也（虛引上三字）人情厭而思治則今之人亦大有為之資也而何以卒不治也嗚呼蓋道之不行久矣懷而方之爵而美人不作抱東周之志而用我無期則惟有乘（先著此一層在前方不是避世心腸）桴浮于海焉耳一四海之內誰非吾之一體者歟奈之何其決然而

含者也但令愁嘆之聲阽危之狀吾目不之見也吾耳不之聞也（極寫不得已心事真與見筆也）則吾懷（之外念總無寫）可以暫釋也四海之內誰非吾之痛心者與奈之何其怨然而長往也但令諸侯之國斯人之徒吾轍不過于其墟也吾身不入于其俗也則吾責可以暫謝也雖曰箕山潁水之間亦可以（視）自適然居其地（即前意翻出）而不憂其憂吾何忍焉孰若離人而立于獨者之為得乎況夫幽昧荒絕之區亦足以易俗苟窮其境而即人其人（又轉求一層即借乃凡）安（更高奇奇）且不可處焉何必盱衡而入于世者之為是乎縱一葦之所如而與波上下身為域外之人自不與域中之事此吾之所為托而逃焉者也凌萬頃之茫然而回視鄉國滿之者天下大抵皆同而（帶道不行語復工妙）

栖栖者此際稍能息此吾之所為樂而終焉者也嗚呼夫非道
不行而吾胡遽為此懷也濟世之心忽且變為避世之計而不用
縩亦大然
之身自宜置于無用之鄉然而送我者自崖而反而由也其往矣
情深語活恰得聖人胸懷本趣對照便覺子路之率爾真入神
之筆　吳荊山
偏從斯人之徒最關切處發出浮海心事來方不是認真語亦
不是假託語也低徊往復神致如生　沈鏡涵
此二句正是聖人不忍忘世極思然却又道破不得文妙于言
中言外兩面都活正如張藻兩松雙管齊下淘推傳神絕技　唐

道並行而　川流

江西督學使月課孔毓瑀
新城縣學一名

並行而萬物得所育其流不息矣夫道有或悖物將安育乎故于並育並行而益歎小德之流為不息也且古今之氣運所以流而不窮者道而已矣使道有或窮將天地且不能以一瞬而萬物亦敝究之自古及今逝者如斯而未嘗已也屈伸者如彼而卒莫之測也惟其有所不窮故亦莫或窮焉矣然則天下無一日不育之物則無一日不行之道惟無不行故其流日出而愈新然則天下有古今常育之物則必有古今常行之道惟有常行故其流時出而不匱所以道而行也日月定其位寒暑著其節而陰陽以和而風雨以時萬山

原評伏下脈絡分明

評伏下不息意

股法妙

之倚焉仰焉于其際者殊覺覆載之寬（原評：兩比如一比）覽令行而悖也日月乖其宜寒暑爽其節而陰陽以剥而風雨以愆萬物之負陰抱陽于其間者且多夭札之傷（原評：虛字旋轉）故天道之行也即物之育也而道與物若有相因之理（緊呼捷承則字手意妙絕）然而行自行也生自生也而行與生實有默運之機其惟小德乎（原評：仍照絡脈分明意）

而大其不變也而小德之流則恒變忽然日往而月已來忽然暑來而寒已往即萬物之含生亦且或舒或肅與時而俱變則流不滯矣（用兩扇分一絲不亂）氣序其遞變也而小德之流則不變終古此晝夜即終古此日月終古此年歲即終古已寒暑雖萬物之榮枯亦且常生常息與時而不變則流無息矣（原評：仍照仁息意）故自其至變者言之則六合之內一息而改其觀自

其不變者言之則道與物皆無盡也而又何彰乎然則有小德以為渾葉便是一線割原之建則道有不行道有不行則物有不育又烏覩所謂川流之成

以精理貫串議論天開樹綴斡旋處皆成名論真可謂獨太根本

琛月巖原評

上句中將萬物納入不煩另費斡旋下句亦處處側串妙在俱有精思妙理與牽率補綴者不同

明清科考墨卷集

第三十二冊　卷九十五

道並行而不相悖　　龔景瀚

有主乎行者而行不悖矣、夫行而言並、未有不至於悖、四時日月之行不然、夫非有主乎行者與、且天下之變動不居者、皆其得主有常者也。況夫四時日月之彰明較著哉。變化而能久成義取諸草。得天而能久照。道貴乎恆。惟其有序所以日新。吾乃恍然於錯行代明之道矣。何則。蒼然者一體之渾淪耳。自觀象者之求為可據也。析於日者紀以度。析於月者紀以次。析於時者紀以象。而道之名立焉。尺寸而求之。將有疑於行者矣。穆然者一氣之周流耳。自言天者之變以求合也。論贏縮者差以星。論遠近者差以里。

闈文典制鈔　四九

論遲速者差以歲而道之實紛焉錙銖而較之將有疑其悖者矣不知動靜之機互為其根則錯而代者有相嬗之勢既並行矣而又不相悖也陰陽之精互藏其宅則錯而代者有相成之用惟並行也所以不相悖也以四時言之積月而成時而日處其強月處其弱焉積時而成歲而氣從其盈朔從其虛焉是亦參差不齊之數矣而不齊若即以日月齊之晦朔弦望定則大餘小餘可以歸於終也章蔀紀元立則同日同時可以復其始也極之上溯往古歲加其一而非有餘下推未來歲減其一而非不足皆有自然之故焉千歲之日無不釐然悉辨也以日月言之日有中道而行於

天者南北分焉距於地者遠近殊焉月有九行而交於日者出入
判焉協於歷者好惡殊焉是亦游移莫定之形矣而不定者即以
四時定之作訛成易必驗中星致於二仲者所以考其同分至之
粹補經緯二言星當義殊
閉必書雲物察於十煇者所以審其異推之經星從天而每歲亦
有秒分之縮緯星從日而每星各有遲速之殊皆率本然之度焉
七政之齊無不秩然有紀也是故午氣乘乎月則冬令行夏令而
疏不悖亦見精
濕子氣乘乎午月則夏行冬令而測似乎悖矣然而變也非其常
也且寒暑之節亦人之強為分之十運於氣者進退以漸其接續
本無迹也孰能細辨其始終哉相會則掩於月而日為之微相望

則蔽於地所月為之食亦似乎悖矣然而暫也非其常也且薄蝕之憂亦人之囿於所見耳行於天者髙卑各異其本體固自若也何曾有傷於毫末哉四時不自遷有推之者而歲功成日月不自麗有繫之者而文章煥吾於是而知天地之德之大也

胸中確有所見故言下指陳鑿鑿龍門歷書班范律歷志其大旨已盡於此 原評

第三十二冊　卷九十六

# 煥乎其有文章

曹鳴

則天者並則其象更于文章見其大矣蓋莫大于天之文章而堯亦有之其亦德之不期而煥焉者乎且夫天不可學無論其德也即此有形有象之際古來法天者亦孰能並法其象也乎若夫天經緯乎上君經緯乎下其赫然不可掩者不相似而若相符焉則亦極千古之大觀也已吾嘗從堯之成功而想其條貫于成功之中者必有其類此亦後世之所沿而襲者而自是步之覺耳聞目見之表獨有殊觀其備著于成功之外者更有其詳此亦史書之可考而知者而自今擬之覓揚芳摛藻之辭尚留餘蘊煥乎吾見其有文章也蓋一驗

于禮、、、一總于樂一驗于法度叙秩宗之掌堯實始之矣夫禮者中也前此天地之氣或失于過或失于不及自堯之禮行而有以節天地之守則無情者情生焉無文者文至焉蓋至矣衆拜稽以明讓協禮洵於孫以觀刑則當日之藹然相接者禮之中何莫非文章也大章之音堯實作之矣夫樂者和也前此天地之氣猶鬱而未宣亦遠而未感自堯之樂興而有以濟天地之和則所以昭者歲德焉所以象者□□□蓋至聲壞可以言情華封亦能善頌則當日之熙然可聽者樂之和何莫非文章也共工之命堯實慎之矣夫工以利用也前此百爲之度猶晷而未備亦備而未精自堯之治度明而有以盡倫物

之詳則因事而為之制焉因器而求其[illegible]焉蓋至職銜以經緯察政
（制度亦無謂語）
矣斯以器物名官制當日之釐然具舉者法度之利用何莫非文章
（其有）
也後此以紀載為文章故有譚〻藹〻之稱而堯典一書竊作于有
（二字更有波瀾　[illegible]禮樂法度）
虞之史則知并不爭文字之名而要于四表上下之間觀其大後此
必以禮樂為文章故有服物采章之說而傳書所載稱不敢華淡之
（致）
素則知并不崇藻色之功而已為重華文命之職作其先與乎殆亦
（憲）
如天之文章也堯舜則之而能然乎于此益可想見其德矣
要守注中禮樂法度四字分作三股似人信手說去之詞斜歸入
此四字中各般郎就題而風清骨正壁壘森嚴一〻精彩何假易

辭議論以求奇

煥乎其　　晋

寬則得衆　四句

崇文馬　樾石民

統論帝王之道而致治之要備矣夫寬信敏公帝王之道也由舜禹湯武而總論之不已備致治之要乎今夫帝王御世量足以容萬物而志無弗孚力足以敷萬幾而情無弗協何效之神也然即其效以求之而帝王之真弗出不即其效以求之而帝王之真亦弗出繇應之者有幾而操之者有本焉其精神溢乎天下之大而豁達有以釋嫌疑宵旰有以周怙冒操其本於大綱大紀類非瑣屑之治所能參其智慮出乎天下之先而嚴酷與詐虞悉泯息荒與偏黨胥捐應其機於獨斷獨行尤非清靜之治所能尚一日

寬。載幬。如天地焉。吾觀舜典。言在寬。而虞有洽心之衆。廸誥言克寬而商有傒后之衆。無逸戒不寬。而周有同德之衆。則寬之得衆可知也。而初非要結乎衆也。寬則舒。舒則民有樂生之氣。故廹切者不得而闊大者得之。一曰信著。明如日月焉。吾觀舜之信在允塞。而民皆傒志湯之信在有虞。而民皆允懷。武之信在薇忱。而民皆秉德。則信之民任可知也。而又非妝集乎民也。信則孚。孚則民有託命之思。故作偽者不任。而誠慤者任之。然而寬者或有弛懈之虞。則道必濟之以敏。奮發如雷霆焉。夫敏在寸陰者告功於平成。敏在昧爽者。顯功於牧伐。敏在日昃者。即功於康田。鴻休偉烈被薄海內外焉則惟其有之矣然而信者或有膠滯之見則道必成之以公周浹如風雨焉夫公在上而說脩和者有九德之歌公在發而說經綸者有四罪之服公在政教而說慎嚴者有五典之從心說誠服至海隅日出焉則莫不說之矣若是者其必洞悉乎盛衰升降之原參酌焉而靡有一定故有時矣刑迭用而不失為寬誓誥屢頒而不失為信垂拱無為而不失為斂輕重異齊而不失為公惟極其成功則皆臻乎皇極以建帝則以順王道以遵之盛而又必別白乎純駁疑似之界持行焉而不容或淆或廢弛似寬而不能得衆圖執似信而不能民任繁急似敏而不能有功假

仁似公而不能說服惟絕其流弊自無護於其利可賴其神可畏
其教可服之隆非帝王致治之道哉

通體雄健氣盛則言之高下皆宜

寬則馬

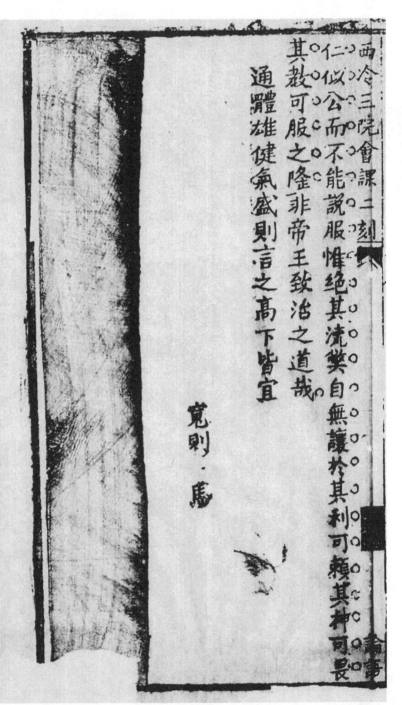

寬裕溫柔　執也

江蘇張宗師拔貢　王嘉訓
江寧府學

析言仁義之德長人與幹事兼善矣夫統名之曰仁義而析之更有其流為容為執至聖之德之各足者已如此且以萬物萬事之至紛至賾也使無人焉拓其維而提其要則萬物之情何以舒萬事之根何以據其及者性負儀慈谿之原神以周而能聚斂嶷彰表裏之善德熟方而能狀與以可親擇以可久乎其乎嘆天授之神奇消莫與京也試由至聖生知之德而進思之靈明之府為地無多術出與緒以與萬緒相餉遺則靜可為物福動可為已功而密課潛窺亦止此舒斂之自為行止陰陽之氣生端莫罄而扶其

理以為萬理之錯綜則密勿之宇不封堅定之甚不拔而岸人與事自協乎建極之著羨慈嚴吾繪其德殆寬裕溫柔也百念之公不足敵一念之私私之所乘每中於其所忍也至聖渾然一無忍之真所洋溢而何私焉神盡天下則不狹永其情而不殖於萬物之情志靜天下則不爭巽其氣而不遂於萬物之氣私之盡而元著滿其區德之融而真意呈為象萬物在宥精氣已徹而能溺吾摹其德殆發強剛毅也百念之勤不足償一念之情情之所佚毋乘於其所便也至聖凝然一無息之間所爭結而何情焉初志及鋒為用而挫其志而全力彌堅貞心誠銳不摧莫餒其心而全神

寬裕溫柔　執也（中庸）　王嘉訓

愈勇情情不生於有主之發至忿悲呈為可據之實庶事受裁而
念已凝於有守而於是可以有容矣容覩乎量而偶而受偶而違
量已處於無餘始者無以為含趣者何以為托乎乎聖足於有餘
之量實足於有餘之德也闊遠公之含無形之吟賦恒寬張平易
之纖無漸象之適蔡愈讓萬情雜遇斯以不忍之虞衷而歸宿咸有
其游而於是可以有執矣執視乎力而旋而定旋而透力先處於
無迹操者無以為容應者何以不困乎至堅足於可憑之方實足
於可憑之德也勃厲雷之勇當褒予以一定之衡拆性命之真大
小訶為不遷之柄百務雜紛籌以不息之銳志而果確不易其堂

步若　乃見有容不同常人公家言

是知真情之闔闢至性呈露故惻惻乎萬類而逃於虛根柢乎萬
事而歸於實性蘊之蓄聚內斂貢賜故納萬物而一之如無物蘊蓄
物而未有息機然而至聖川流之德猶不止此也

文貴明理然理明而氣不能達則鬱塞晦冥亦殊不快人意得
此根極理要之文仍復飛騰凌厲不滯居然萊峰震川之
遺。袁御和

上半截疏得精切則下半截神理自透伐山通道與五丁力
同功使人不能不怖其神勇。姚周宸

覚裕温　王

寬裕溫柔　四句　　仇兆鰲

以容執臨天下者見至聖仁義之兼具焉夫寬裕溫柔者仁之德發强剛毅者義之德也以是為臨而容執不既足哉予思明小德川流之意曰至聖秉聰明睿智之資首出以臨天下則天下之人皆待育于至聖而天下之事皆待治于至聖矣惟至聖能擴之以有餘之量負之以一定之揆其仁至而義盡者遂足應天下之無窮也吾得進許有臨之德焉從來以英明馭天下者慈愛或多所未全若至聖懷長人之意固有大不忍釋于中者矣以權術為必不可任以苛刻為必不可尚以深文峻法為必不可行而一本于鶚肫惻怛之仁其大度而包荒者心之寬也乃舒徐而未嘗欲速者則又裕焉其和氣之

但有臨之智以容執

上下千古之言

英發中有古茂之氣

近人者心之溫也乃巽順而未嘗過亢者則又柔焉夫分而言之寬裕附以乎天下之上（表出有容實際）溫柔能入乎天下之中而統之則民胞物與之仁[illegible]之至者日接萬人日親萬物而容保之量（無非發明足字意）無加者即不接一人不親一物而容保之量自在也蓋其仁之恢乎有餘者不待既容之後而已信其足以有容也從來以優柔示天下者決斷或非其所長若至聖負應事之才固有大不容已于中者矣以因循為必不可恃以怠荒為必不可成以深居養安為必不可漸而一揆于權衡裁制（詮發四字有抵拄要常流動）之義其奮迅而有為者心之發也而特立獨立之無息者則又強焉其果敢而不屈者心之剛也而百年必世之（表出有執實際）無懼者則又毅焉夫分而言之發強能振乎天下之先剛毅能持乎天下之後而統之則隨

孚制宜之懸〻之盡者事在國家功在後世而同執之操自如者即未交一事未建一功而同執之操已具也蓋其義之卓乎一定者不待既執之後而已見其足以有執也至聖兼仁義以為臨者如此合禮智而小德之川流者不益著哉

下句從上句發出須從上四字透出下句之義下句方見醒縱然題面頗須得搏挽方妙此可謂搏挽有法矣故能舉重如輕而英邁之氣又足稱之于題筆洵無遺憾

寬裕溫柔　四句　石確　三十七名

遴詳至聖仁義之德有各見其足者焉甚矣容與執未可易言也至聖則無不足焉其得豈易量哉且吾觀至聖出而臨天下其生知之質固已無不全矣然使德之存於心者或仁不足以覆群倫或義不足以宰庶務則天下亦何由仰其度量之甚弘與張弛之甚優乎不知至聖德裕于內實有令人類嘶而雖竟者吾試即聰明睿知之有臨者進思之綜核之學刻而不可居也要必有含弘無外者乃以見君心之甚廣也優柔之化弛而不可為也要必有持守弗渝者乃以見聖德之孫遺是容也執也亦孰非臨天下者所務全哉雖然容與執正未易言矣世亦有聰明之主往往以一念之剛而心或流乎急

化板為治

一○意○之○憐○而○事○哉○敢○於○靡○潰○其○外○有○恢○弘○丕○冒○之○業○者○其○內○多○剛○意○自○用○之○意○其○始○有○明○作○過○人○之○志○者○其○終○多○委○靡○不○振○之○憂○如○是○而○欲○容○與○執○一○足○而○無○不○足○也○此○不○可○必○得○之○數○矣○而孰知至聖則不然也○吾見其寬也○何博大也○其落也○何優舒也○其溫也○何和平而可親也○其柔也○何藏懿而可慕也○若此者即未與民見、未與物接、天下無由蒙其愷澤之廣被、而其理先有以及之也○以是而利濟萬邦○豈復有廣而難給之慮○足以有臨也、此不必徵之於世、而知其仁之德也○此特虛着無不足也有如斷、吾見其發也○何奮迅也○其強也○何果斷也○其剛也○何執徙而不厭○其毅也○何永貞而不息也○若此者、即不發一令、不行一事、天下無由睹其眾務之整施、而其守先有以貞之也○以是而誠

制萬變豈復有綱紀業性之憂足以有雜也此不必黜之於事而知
其義之態無不足也有如斯仁義之德既足更可進觀禮知之德矣
中一段波瀾活動時調中得此庶不寂寞 介者

寬裕溫 石礶

辛酉鄉墨選 山東

寬裕溫柔足　四段　朱良佐

觀至聖有臨之德、皆其質之所具也、夫有仁義禮智之德、而容執敬別、皆可信焉、非至聖其孰能與于斯。今夫至聖在上、其道無乎不擧也。而周乎天下之事者、必有以備乎天下之理、持乎天下之後者必有以立乎天下之先。則無論其環至而立數也、當其神靈首出而已預卜其美備之有由矣。聰明睿知足以有臨、如此夫臨天下之難。莫難乎量有未弘、天下大而我當處其小也、又莫難乎力有未勝、慮始者不能保其終也、更莫難乎威儀無以作則、而民且玩視我也、幾慮無以圖幾、而庶務且紛雜無紀也。然吾皆謂其無難者、聰明睿知之

筆意疏朗

凡一總舉備有餘合之氣

質耳何也聰明睿知者有仁之德者也惻怛之懷全于性始不雜合天下為一家吾見其寬焉裕焉溫且柔焉無偏心無亢志萬物有不歸往者乎則信其有臨者一信之于有容且有義之德者也果斷之氣稟于生初不難貞百年如一日吾見其發焉強焉剛且毅焉氣必銳力必堅有度有不振舉者乎則信其有臨者一信之于有執其猶有禮不能以自範者無之也必齊必莊而兼持乎中正德隅之著無事震驚而雖紛匪儆咸有聖天子之統業寓焉則合天下以敬一人有不尊一人以御天下者乎有敬愈見其有臨矣亦或有智不能以燭事者無之也有文有理而極之乎密察坐照之明然炯刻晰而知

宜知權威有聖天子之經緯存焉則一人取天下而別之天下不將
奉一人而歸之乎有別愈信其有臨矣天仁足以育則不必小恩小（狀得完密氣仍從容）
惠之紛紛也義足以正則不必朝文暮質之樸樸也禮足以經常則
式玉度者不在網紀之畢張智足以御變則須聖明者不在叢務之
親理也此小德之流而不息者有然也而至聖皆有以備之故曰足
以有臨也

斟酌于前後反正虛實詳畧之間增不得減不得是一篇恰好文
字　汪漢瞻

各從上四字勘出下一字方有精義而足以字亦不挑自醒也然

憤搆難于融洽。而逆翻易于瑩球。欲正貼反襯。字字着力。將至累然而不能舉題文所由不快人意也。似此輕挑淺逗。前後一氣卷舒若不用力。而于題義已無滲漏。真是快馬輕刀手段。

寬裕溫柔　二句　伍斯瓚

至聖之有容由其仁德之足也夫寬裕溫柔仁之德也仁無所不足其容物也何有且以一人臨天下不患無宰物之權也而患無容物之量蓋量之狹者非俟其接物之知也當其一物未交而淺薄之襟期可以必其所納之無幾决其所受之無多吾試進至聖之質而言其仁之德焉仁爲善之長無所不該有一類之或遺臨矣所謂容保無疆者何在仁爲愛之理無所不育有一隅之不及偏矣所謂容民畜衆者奚存而至聖何如哉物不可以過嚴貴容之以寬則游其宇者樂業安生不知手足何以安也至聖有焉

物不可以過逈貴容之以裕、則被其休者從容自得不知歲月何以暇也至聖有焉刻覈者物之所畏也畏則難乎我容矣至聖養之以和不急不驟而慈祥以歷念其溫也使人以易近不使人以易遠也乘戾者物之所忌也忌則不為我容矣至聖處之以順退焉讓焉而平易以宅衷其柔也予人以易親不予人以易踈也句丹字的若此者寬無所不包也裕無所不蓄也溫無所不含柔無所不受也以是積於中其含容巽順之體怟、乎其有餘且寬則其度大、也裕則其神暇也溫則其氣平柔則其情和也以是施於物而兼容並包之用優、乎其吝足此何必塞徵諸物乎寂然不動而寬裕者足以養國家之和溫柔者足以安民物之然何必不徵諸物乎感而遂通而寬裕者足以合六合爲一家溫柔者足以聯四海爲一體以云有容信乎足以有容矣此仁之德也而禮義與智又可詳言矣

（下句必帶上定下句）

自應提整容字上四字乃不致呆衍一派靜理出以清機之一切危言不得攪其筆端　魏星渠

排蹇滌悶圓湛如珠績栗如玉是之謂純粹精也　項春卿

寬裕溫柔　二句　東昌霖

至聖仁天下之本有先物以容者焉大物至而謀容之殆矣至聖之仁德可備數也不已具足也哉且以天下之大也而有人焉起而臨之則此一人者遂為天下之所恃矣使孤處於尊優之地而眾類與我絕其通此亦徙而易窮之勢也矣惟天下至聖其臨天下也臨以聰明睿知而無不足也天下之廣非人主器有以冒之（蔥象綠翠）而德有以冒之深宮之內所餘幾何而日出海隅罔不歸其戶牖之與冒之者莫可得窺也德實全焉爾民物之眾非人主體有以舉之而氣有以舉之帝王之軀與人何異而親上親下罔不入其

四逸簡存　卷四

四逸篇存　卷四

胸懷盖其舉之者莫得而測也氣實周焉爾故臨天下之上者必
圜天下而納之於中者也吾以想其容而圜天下而納於中者必
廓吾心而儲其澤者也吾以想其容之足何則徧心足以厲物一
○遂○字○鋟○刻○有○容○已○于○上○四○字○中○
二人不可托也何論千萬聖人者量有餘於地皆在吾内而又若
○透○出○
皆在吾外直等其身於橐籥之間焉何寛矣蹤情足以戾性一二
日不可待也何問久遠聖人者心有餘於時有意為治而又若無
意為治直付其效於迂緩之途焉何裕矣君之植民猶植物也陽
○亟○入○奇○勇○雍○　○民○循○
嘗居大夏而陰退處於空虛無用之中物資始以長養故和者居
○居○牙眹下發強剛○毅極斷動
前也至聖慈祥成性有以普萬物於化光又何溫煦君之養民猶

養子也毋誠求保赤而父教嚴於成人有德之日予恃恩於始育
故慈者居先也至聖平易近人有以奠民生於各得又何柔歟今
夫早之所以承尊者謂其能恩之也而大之所以受小者謂其能
安之也彼其投之而不納者由其中之有所拒耳至聖亦復何拒
也天授之度愜々焉而已而正此愜々者之統攝無盡也蓋包萬
有以為體則任萬有之所入而總非異量之相加祇覺樂易之衷
淵濡無外者自如此爾抑其歸之而不必有者必其外之有所隔
耳至聖亦復何隔也太和之體渾々焉而已而正此渾々者之統
括無遺也盖總群生以為量則聽群生之共托而悉為同體之自

親祇覺和平之宇絪縕不散者自如此爾盖以首乾者秉乾天下同仰照臨之莫外而以長善者長人天下更樂容保之無疆夫有容未足以盡至聖也而其足以有容者亦可以見至聖之大也已

難於上四字的確不支吾先輩定從此等處見力量後人但解從下句作空殼子古法蕩然矣此字字精研更有綿邈清遐之勝則加務善之益非所望於今之人也

寛　金翱

無私者量自宏、至聖之極其寛也、蓋人惟有所私、故其量常狹、至聖無私、安有不極其寛者乎、嘗思方寸之內為地無多、而惟無私意之窒者自見其有餘量焉、蓋公虛之衷有物則狹、而純粹之體無間斯宏、故腌然者其心自廓然者其度耳、試由至聖之有臨而進窺之、凡物必待印而後大、其始有相混而覺小者矣、夫相混者必至相侵紛然錯處、則所為大者恐適以攙其中、而莫竟其量、凡物以漸擴而始廣、其初有相形而見隘者矣、夫相形者必至相敵屹然並峙、則所為廣者恐祇以分其半、而未會其全、乃若至聖大

原評清矯為中間不二不雜流々

渾

本圖評

反々動觀切原評精湛

小題繡虎　中庸

公者其懔外誘不得入廣遠者其量內蘊莫能遺吾蓋有以知其寬也天下未有一於理而形其蹈蹐者惟有私以貳之則神明之內本少餘地而無窮之妄念復為之對待於其間吾知其以有所參而不寬矣至聖者其心不貳不貳則一一則渾然之中莫非此理為布濩夫誰得而盡其涯涘與天下未有純乎理而見其拘墟者惟有欲以雜之則隱微之中固多間隙而無端之結想方為之紛擾於其胸吾知其以有所錮而不寬矣至聖者其心不雜不雜則純純則粹然之體莫非斯理所絪縕又孰得而測其疆域與且大至大者莫如兩間至聖本兩間以立體故沖漠無朕初無一物

妙○從○仁○由○勤○出○實○字○原○拆○反○面○透○

二○柱○綰○切○

勁○氣○直○達○

至聖身分寬字分量畫出

以據乎內而以清以寧之象早已全具焉而無歉寧曰兩間大而我心小哉至廣者莫如萬物至聖彙萬物以為量故胞與有懷初無異念以間其中而化醇化生之道久已純備焉而靡遺寧曰萬物廣而我心狹哉蓋仁為四德之長故萬理咸具者衆善畢該而寬為仁德之首撤一私不留者氣局自擴合之裕溫柔而至聖之有容可想見矣

清超拔俗

第三十二冊　卷九十六

寬裕溫柔　八句　其二　　翁叔元

分言至聖之德其足於中者不可量也夫容也執也敬且别也此
亦德之可見者耳然試就其足於中者思之而至聖之能其可量
乎且自古備天道而首出之聖人其推乎當時傳於後世者大抵
曰仁曰義曰禮曰智其能事已見於天下矣雖然此固其已然者
從外面翻入裏面去疎快之極
也若其德之所以然者則往往存於無物之先而裕於事爲之始
雖歷歷言之而知其終不可窮也何也惟其足也至聖之能豈獨
聰明睿智足以有臨已乎吾聞易之言臨也有曰敦臨者矣敦者
有厚下之道焉則臨之以容也有曰咸臨者矣咸者有剛中之義

焉則臨之以執也有曰至臨者矣誠以居之其行正乎則臨之以敬也有曰知臨者矣行而宜之其大君乎則臨之以別也若是乎至聖之臨天下類必有容焉有執焉有敬焉有別焉然執是以觀（再作波折跌出題面）至聖則當一物未接一事未起之際欲求至聖之所謂容執敬別而無有在者至聖之能其毋乃至是而窮乎曰不窮蓋至聖之所（範下）以臨天下者小德之川流也（來龍的確）以德之小者肆應乎無方則必有名（十六字）數之可紀此殆猶窮流治委者之無所不分也而吾於此乃有以觀至聖之所分（取足字之意）以德之小者藏用於不匱則必無寂感之或殊此殆猶源遠流長者之無所不豫也而吾於此乃有以知至聖之所

豫焉言乎其分也仁之為寬裕溫柔也義之為發强剛毅也禮之
為齋莊中正智之為文理密察也此其分焉者也而至聖以一心
體之故極其用至彌綸天地經緯萬端而盡性至命之中皆一一
有其可指之實使天下亦得於功業之所被而共見其端豈非其
能之至備者歟曷言乎其豫也仁不必盡見於容而已足乎其容
也義不必盡見於執而已足乎其執也禮不必盡見於敬智不必
盡見於別而已足乎其敬與別也此其豫焉者也而至聖以一心
備之故極其體至於穆然無為不動聲色而洗心退藏之際皆一
一有其變化之能使天下不得以物情之固然而測其所至豈非

其能之至神者歟。夫是之謂小德。夫是之謂天道。自非然者。不觀其所以足於中。而徒執其迹以相擬。則彼名業發聞。卓乎可稱道者。不盡加於至聖之能之上也哉。

悉極深沉。語殊倣儻。使瑮瑮奄奄者怖爲河漢。誠哉是言。　原評

容執敬別。正是有臨實際。四德在心源上說。故從有臨逆提四項。跌出仁義禮智。則足以有三字之義方出。此正其作法之密。其妙處在軒豁疎卷。而題神一絲不走。非徒以格局表異也。

寬裕溫　翁

寬裕溫柔　執也　　唐序

雍容執之德、至聖之以仁義臨天下也、蓋臨天下不外於容執、然求
其足者誰乎、此至聖之仁義所以獨優歟、嘗思王道者仁義之極焉
者也、是故存而充擴則不必其驚廣而荒也○操而有要○則不必其遂
事而紛也○嘗執此以統臨天下者○而我〻乎難其人也○吾茲得之於
至聖曰寬裕溫柔足以有容也、物之不可以寡所養也○一○念○之○休○暇○
生○之萬姓之家室○而○齊○條○一○事○之○峻○激○極○若○若○相○一○含○育○而○不○足○則
容之雍也○狀自古不知歡大之患○無情篤厚○始亦與天下循〻於慈
意、中而行之既紱○氣以養功而漸失其和平○或以責效而勉持其
平恕○則足以有容之愈韶妙○以思至聖○優〻者何心○謂〻者何意○吾

發端先在○先處
似與下〻二段
直○出肯綮、且終、與根內積
言○大○而○非○矜○
不物○足字出未

溥博而指之曰、寬也裕也、曉溫克柔、而至性之相洽也、此非天下之全大、仁濟其熟蒐與于斯乎、而正非有所作而致之謂、可即是以臨天下也、其時之沐浴乎德教者、靜有與為養、動有與為休、蓋取諸聖德之安和而天下自此無迫狹之象也、惟其足也、曰發強剛毅、足以有執也、事之不可以浸然應也、遠極在宮庭、與馳騖在廉政、不惟有勞逸之分、取決于當前、與攬要于平日、亦且分溥博之數、則執之維也、故從來不乏材武之君、制作先人、總亦與天下宣之于謨數之下而闔闢疏濬、則遠懷圖據、爰處其域而解通、繇發柔本、恆見其徐為多固則足以有執之、愈難也、以思至聖何以不阻于艱難之會、何以不屈於險阻之乘、吾溥博而原之曰發也、強也、為剛為毅、而振厲之

確有雜證

相將也、又非天下之克全夫義者其孰克與于斯乎、而正非有所震而驚之謂可即是以臨天下也其時之待理于宮庭者經以守其常權以濟其變蓋準諸聖德之堅貞而天下自此無叢脞之階也惟其足也」仁義之德如此而又不止此也

全以議論疏題不必字櫛句比為四字受約束也以為匠心獨運之文

寬裕溫

唐序

寬裕溫柔　四句　　孫勷

至聖于容執之間、其德有各足焉者矣、蓋臨天下者莫大乎容與執、而至聖已各有以足之、不可見其小德之川流乎、且昔夫子論舉政、而曰修道以仁、而因及乎所以宜之之義、若是乎臨天下者不能外是以為臨也明矣、然求其仁育而義正者、往往鮮焉、則非限乎勢之不可逮、權之無如何、而特未有至聖之德以涵其外而持其中也、若夫至聖而既能聰明睿知矣、則吾知其無不能、既足以有臨矣、則吾知其無不足、即以其容與執者言之、聖人有作、必能使萬物有得所之樂、而因見天下之一家、則容之為也、然非徒求之容也、蓋有足以有容者、而足以有容、實未易言、嘗見廣心浩大之主、類欲寬遠

一氣旋折、文筆自古

歷科元墨　　康熙辛丙山東　　秀美軒評

其覽模而干心或僅兢勝而好名而干世亦徒勤思而馳騖則天下之形為隘狹者不可勝言矣至聖以神明之質內涵乎生始之源故其分之而可數者有以該天下之大公天下之流和天下之氣馴天（連出四字奇甚）下之係而非必待與天下相際之日始相與驗其不誣則至聖之容固足于其寬者裕者溫且柔者而已矣抑聖人有作必能使萬事有不弊之道而因貞百世下一身則執之為也然非徒求之執也蓋有足以有執者而足以有執亦不易言嘗見豪功好大之君類欲創建非常而其心不免優柔而寡斷而其事每至牽制而紛紜而天下困于更張者不可勝言矣至聖以天授之資發風裕乎行健之才故剛之而可待者有以開天下之先持天下之後當天下之臨任大

之重而非必俟與天下相感之交始相與徵其不與則至聖之執仍能歸到心体固重于其發者强者剛且毅者而已矣此至聖之所為仁至而義盡者也然而臨天下之道則又不止乎此也

避波衍而就險奥深旨渺思加以蒼浩一股只如一句全以大氣舉之直可穿溟涬而泛混茫辟蒙廬

氣局雄渾于轉折頓宕處俱有議論以行之與平平鋪叙者有别

仇滄柱

全是贊歎至聖智臨之德故句句理只重在足以二字上文亦從二字着力不亟亟分鑿之說字字句句一氣疏出于題位似側而于題神恰合舉重若輕行所為以其為曠世軼才

# 寬裕溫柔　一段（與舊刻異）（中庸）　許汝龍

寬裕溫柔　一段與舊刻異

許汝龍

容執以臨天下其能已各足矣蓋臨天下未有不能容能執者而
後天地八承以承上小德也
聖德無不足焉其能可易量哉且天地之德所以流行而不窮者冀
大于好生而行健故足以育群生宰萬化而至聖體之遂為仁育而
承啟明睿智折處
義正焉吾得因有臨而推其能矣從來聖主啟與天姿雄懋而群天
何得寬象
下必卜其大度以為天人所共托帝王大統豈狹小者能副厥望哉
斷音亦同而凌〻自異
然哉飾恢弘市憶惻煦〻焉與天下相推暨而宅心不廣維〻以天
子之慈樹恩千百國而刻急偶形至欲內全一人而不得則寡恩之
寬疏四字情理不刊
發未必非高言博大者為之而至聖豈然歟其量宏廓然遊于覆載
而兩間若在宥也其神暇愍然安于夙夜而百年可徐俟也其氣和

而順適然深于渾厚宅于淵沖而萬物皆我親也寬也裕也溫且柔也此亦曷嘗勤思併包謂天下人于我無不容而度既周乎其外情復入乎其中則不必怙冒群倫也即或愛惜咨嗟時廑一夫不獲之廑而竊其意者以為聖天子厚德含弘四海皆度内焉其容也恢恢乎至足矣夫容之在迹者雖澤沛萬邦猶得窮其懷柔之所至而至聖之足以有容也烏得而窮其容哉聖王首出仁恩雖徧而群天下允望其英畧以為經綸所待創古今大業豈悠忽者能勝厥任哉然或矜雄斷恃厲精紛紛焉與天下相締搆而矢念未貞往往以決不才經營于百代而息安忽起至欲自為一事而無成則廢弛之患必非但言英斂者為之而至聖豈然歟其志銳以旦夕為必可奏

寬裕溫柔　一段（與舊刻異）（中庸）　許汝龍

斷然不狃于因循也其力勇以狠大爲必可任而確然不安于遜
懦也莫守堅而固以天德爲必可勝以人道爲必可成而卓然不屈
于物情不衷于中阻也發也強也剛且毅也此亦曷嘗剛建非常謂
天下事可以惟我所執而志蔑喬乎其先須復持乎其後則不恐幸
制群動也即或沉幾觀變亦有不敢輕發之時而服其才者以爲聖
天子無競惟烈萬幾自能理焉其執也斷斷乎至足矣夫執之在聖
者雖經緯萬端猶可測其推行之所及而至聖之足以有執也烏得
而測其執哉

題義固重容執然所以見處全在寬裕溫柔發強剛毅八字人皆
避實而擊虛何也詮疏精確而氣象更自崢嶸名墨如林有能若

中庸　寬裕溫

寬裕溫柔　二段　趙炳

以容執觀至聖有無用以為臨者焉夫容與執皆臨天下者所必備也而惟至聖為能兼之其所足可輕量乎且夫聖人既出而光天之下竊不待一人之照臨此必其度可以包之而其力可以持之也固非獨神明之質矣蓋衆庶憑生有以養之則自樂羣生莫勝有以擔之則自安雖聖德難以遍盡觀其相濟為用者而已見至人之無乎備也若聰明睿知至聖之有臨至足矣臨之者將使萬[illegible]（上服下畏天格）莫出其也而猶懸神靈襄物羣倫遂無以自藏故必有含弘其[illegible]者而後（有觸品氣象）見之日已羣約于一人德處之也臨之者將使萬物咸劃其猶恐天亶純人庶物終無以相守故必有確乎不拔者而後

[illegible]達堂稿　中庸　一百廿九　學山堂

趣之時已群載于一人通力之迺則嘗思一有容者以與一
浩蕩也乃觀于至聖而見其寬焉裕焉令人一以為博大者
一以為從容見其溫焉柔焉令人一以為和平者又一以為至順
是也度為何如者乎一物不至不見少者廢物皆至不為多入于其
中可以相當亦可以相忌則有容惟至聖足也天下而無至聖也天
下而有至聖也物之無所包而失其所者則亦寡也則嘗思一有執
者以與一世相為振作也乃觀于至聖而見其發焉強焉令人一以
為震迅者又一以為特立見其剛焉毅焉令人一以為堅貞者又一
以為持久其氣稟為何如者乎一事不至不見弛者萬事皆至不見
奪入于其中可以相動即可以相靜則有執惟至聖足也天下而無

相題之神　皆確
是有容實義
又然足以意有力
是有執實義

至聖也天下而有至聖也物之無所恃而失其守者則亦寬也一人止自盡其性分之事未嘗有或和或嚴者肆物與施而兼含並利益

是題難為至聖何等完密

覺擬議之難窮一時亦相深于聖德之盛未嘗謂為仁為義者緣物分見而存大則作惟見形容之難罄則又將以敵別其觀之也

寬裕溫柔數段承為條二字聯下保有天下至聖栩栩欲出也

統寬字鋪張失之張著文不以力勝而以神勝者此是也　沈鷄山

題無不合度其中精卓之語自不可磨　張覺四

寬裕溫柔　執也　趙于京

寬裕溫柔　執也　趙于京名　十五

詳至聖之容執以仁義充天下也夫有容者仁也有執者義也至聖早足乎此矣於臨天下乎何有中庸若曰吾觀至聖在上使天下熙熙然羣被漸摩之化而後相與頌仁慕義無窮焉則要來與世見之時而仁義之具于中者亦有足不足也安在足以有臨識而至聖政不然也器大者不嘗于小嘉舉凡生民育物皆吾性命中事也此而受少不能受多有識者窺其淺矣是非有容焉不可也而何以有容見定者不中于游移舉凡行權緩物皆自神明中來也此而能和而不能斷天下事將何賴乎是非有執焉不可也而何以有執吾蓋由至聖觀之而知其有仁之德焉有義之德焉其素所蓄積者非

辛酉鄉墨選　山東

一日矣則見其廓然而寬也悠然而裕也藹然而溫且柔也惶惻無
私而至性之所留者不少又見其奮然而發也純然而強也凝然而剛
且毅也直方自矣而偉畧之所著良多夫如是而所以有容與執者
不已足于此也哉天子仁漸天下一聖所開翼于承之文孫繼之而
（斷谷　俱有議論與挺矣調[illegible]何典）
雅頌乃有成也至聖即天縱通人豈能必有容之立見乎然而論其
德不計其功即深宮之有容而四海之養欲給求者靜驗之皆取諸
其中而裕如也則惟其足也翔矯義正群倫一日所理謀及乃心謀
及卿士而發康猶慶餘也至聖即英邁絕倫豈能必有執之悉當乎
然而信其德不問其事即王心之裁制而萬機之開務成物者內考
之皆取決于心而有餘也則惟其足也由是用恩用斷天下共仰其

臨和志寧神一人自裕其德吞待而析之曰寬裕温柔足以有容也
發强剛毅足以有執也
文情爽朗文氣秀發絕去沾滯枯澀之病其標動心　介眉

辛酉鄉墨選　山東

寬裕温　趙于京

## 禍福將至

劉輝祖

未至者已將至不易測其至也夫從禍之福之之後而思其來至之時一愚人能道之蓋與之觀于將至時乎背患禍福之說庸人之所樂道而達士之所嘆者然而已後矣夫天之所以禍福人者定非無因而乃諉之于莫可如何之數則其故之于欲然未然之間者人何爲並依其遠取諸物近取諸身如此于此而知天下無无妄之禍也天豈必任意以禍人乃世之畏禍福矣抑世之避禍求福巧矣尚于畏之稍寬縱之不及之時而忽然而降以誘人數以爲无妄也繼而不于其降之之日也天下亦無之妄之福也天何難益力以福人乃世

之求福傷矣抑世之邀福更偉矣備于求之已備邀之無欲之際而偶然不畀以福人且以為无妄也然而不于其畀之之日也不有將至時會天之禍一人也其咎憤較甚于禍于是務為禍以從人之

（五 彰以取將○字○用○著○清○與）

自新則禍猶可及止也亦猶可轉而為福也乃其人以天變為不足畏以人事為天不足據同吾之福其未有艾也于是冥冥之中若有不得已而禍中者此來耶未今而已有終全之理誰能于此時呼而

（尚○機○將○至○以○任）

覺之而禍將從之其來也默于之禍一人也其艱難百倍于禍于是發為禮從以觀人之善惡則福恐其不長也亦懲其恣以賈禍也乃其人即天之休而懼其非休物之來而懼其非祥曰吾之禍其來可

知也于是默默之中若甚樂得此[illegible][illegible]之者尚未至耳未至而已御
則至之券誰能于此時應而勉之曰禍將然々其不甚泛然則有思
自循于禍福者禍將及耶曰安知非福々將及耶曰安知非禍於其
人方謂彼蒼且聽其顛倒而究之禍至而不能避福至而不能迎而
究其將然者乎抑有代為計其禍福者禍之不如意同天物之慮福
之不如意曰天爽其報此其人方疑造物亦何故不平而究之彼之
所謂福者非福彼之所謂禍者非禍乃鳥溺所謂倚伏者乎不有至
誠天下事後者所以易為智也
嘗從人之循此禍福者不能前知以取將至二字極倚伏不測之

本朝務衛書歸雅集　中虞

變振動、而不亂、一名　羅湯芋前也

禍福將　劉

禆諶草創之　王

草創之責人也命善其始矣夫不有所以□何繼之鄭克盡草創之任哉今國家修敦睦之書則詞章之臣爭□原而才締造者竟先之何則辭之作也必有所由基誠膚淺者且不足以經將之一□有智畧之輩碩或用違其長而渾之不滑展將基之弗立所云善始者安在哉若鄭之爲命則不然夫鄭以小國而圖存兼諶善辭之力也尔時所以爲之者必將衆爲功而爲任也必將造詳而非從略也必將爲之□交畫其後爲之而僅謀厥初也則共不以草創畢乃事也明甚籍朕命之爲始不其卒不成也

元輔凡之勳系二三詞臣長紛

纂述之義而奚亦皆是豈命之真雖爲共卿大夫以參之
此然則草創詎可忽乎哉將是創之也雖衆亦衆思以集之時而後
宣其意皆將離論之謀準以手令素定於衛之明思爲之而或悖其
寬或無其序何以爲後人倚美之端乎則其命奇也雖當着於未起
之日而首定其體裁將擇洽之稱視此矣況假無圖謀之識恐爲
而或失則凡或失則畢矣以爲他人損益之地乎則其主辭也雖顧
鄭當日爵列大夫裨諶者能謀乎則獲實勝任焉噫抑亦其賢矣哉
夫天下事之在繼起者或易於見功而在創興者重難刁力哉
於前無所開後無所助之際能出其意盡發所未聞
定且心爲群策群力之倡謂皆深而謀審者耳或曰

裒集與焉令諶以善謀而定計則曷不兼謀其與哉謀其[illegible]兄弟出言有章而僅居于創者得無病其畧乎不知人各有能聞有而行之必際乃識諶自度其才足以造端其識足以圖大夢山所能以爲諸大夫先而其所不能者斷不敢冒昧以承諾同官之識噫裨諶誠賢矣哉然說者謂裨諶固賢而知其賢而任之者誰乎曰唯僑也執政之故

句了是爲命之始却無意不擊動下數句此其經營慘淡只見匠心至用筆堅古簡潔處則從公穀脫化而出之非小言詹詹者比也

裨諶

裨諶草創之　牟　恒

命有所資而始有賴于善謀者焉夫裨諶鄭之善謀者也以草創屬任則為命之善實基于此且以蕞爾國而欲有辭于四隣諸侯則辭之欲其善尤慎謀之欲其藏也若以職使之未辭而或始事之不克慎也則謀之不藏毋乃以寡君為口實乎亦為命者之過也夫鄭之為命固莫難于草創矣介居兩大而或將從楚或將待晉謀夫孔多聯三句而事終若于不集也僻處偏隅而說其罪戾請其不足發言盈庭而調合照子產賓主用實沮于道謀也則誰為草創者乎夫執國政者當先定其規模抑揚情長斐蓋宜委之在從之未議然東國成者當擇能而任事尤其慎于經

明科小題錄　論語

闈科小題錄　論語

謀人裨諶能謀故以草創任焉鄭國多爾雅之才夫誰不足以多

書而謀也卿以啓衆君子之先也乗適野之車而第書其大旨若果

分熟草創之與秀可愛

訝菲雖不免有下餘之遺而已可取節焉者與草也而不嫌其疏畧

也大夫有獨獲之智豈遂不足以彰行遠而諶也樂以觀諸君子之

成也奉相君之命而獨展其謀猶若作室家雖未及夫塈茨之塗而

已有始基焉者與創也而不嫌乎自用也故陳其畧已足折問罪之

辭造其謀已足弭兵戎之釁俾我兩君惟玉帛以相見君子于是

筆之閒美

謂執政之有辭焉而不知有善謀者先之矣乃徒陳其畧或未古秀

美之長僅造其謀或未嫻辭令之餘惟諸大夫以行事于藏僕君子

于是乃謂謀野之有獲焉而不知有從政者使之矣

大猷是經豈尚回猶之未遠乎而不假之知古之大夫而不

一分風藻

今之若子得毋曰詞之未輯乎

翩翩書記則阮瑀陳琳在在風流則王濛謝朓作者彙之刻畫

草創照于產又照世叔子羽筆筆典雅字字流動遠追若士思白

恭盧風韻都欲相似

禆諶草

牟

論言

禪諶　李芳

首善鄭大夫之名鄭有人矣夫鄭豈僅恃一禪諶而遂足畢之事哉然一言其人而已有未可見者嘗謂小國之所賴以者治賓客與治宗廟無慎其選焉鄭有禪諶以上下說乎明神亦既無怨恫於國矣而自晉楚交爭以來藉非有善其辭命者亦何恃以圖存耶吾乃於鄭得一人焉曰禪諶夫鄭國多材而諶之為人獨無所表見於春秋意其人必所謂祿祿之國人成事者也况爲命亦綦難矣非美秀而文者不能涵古今之變也而禪也不更非周知四國者不能酌繁簡之宜也而諶閒有是

（先用一哲史公論贊風神）

（瞎借世叔三人觀出）

論下　十六

□體以當辭者不能言之文而行之遠也而ㄋ○ㄋ聞有

○感○子○產○

□當日者執政擇能而使曰ㄋ不不如僑諸臣[illegible][illegible]穀而先亦

○照○　○子○羽○　宕開

□如裨諶ㄋ顧受命而不辭豈區ㄋ一諶遂足以畢乃事哉夫鄭

之諸卿類皆出自公族固宜其諳練典故自克雍容於聘問耳勺

○特○敢○徒○評○字○發○論○

諶也獨詳其氏則非若公孫公子之也執國命也朝廟之文章或

□其非所素嫻然謀邑則否謀野則獲諶雖發跡庶姓將有諸忌

○華○創○意○引○而ㄋ不○發○

之事總七穆亦且謙讓未遑矣抑列國名卿類皆銜以字通ㄋ

此股從諶字發論○表ㄋ

其言辭爾雅自堪焜耀於鄰封耳乃諶也曷著其名則非若

○大夫○三○卑○伯○女○叔○皆不稱名

女殺之倒得稱字也小ㄋ之大夫或婦其無所短長然壞

裨諶（下論）　李芳

謀而諏適野之謀，諶斯備位庶僚，忖問四國之為然

之或先矣。是以君子屢與諶也（襄二十九），憂鄭亂之未歇，豈予取於內

闘於外事，擇善而舉諶也，知鄭禍之將息，豈其衰天命而世

（又用旁襯，草創意已從賓位攝起）

人謀夫一言而善，讒蔑執手于叔向，而有裨諶在，必且愧小人

不才能斷大事，憑簡子見稱於北宮，然與裨諶秉則庶幸大顯（襄三十）（屬對二）

無討以諶為命，雖觀成有待，而慮始多功，草創之於實與有微勞

焉。

世叔、子羽、子產皆係公族，裨等中亦然，此得間，深合借賓定之法。原評

考卷懿芳集　論下

奇情古義。轉從下文生出水色滿紙矣

評

六舉

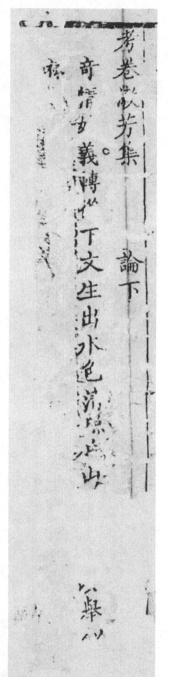

裨諶　　許開基

昔著鄭大夫之名、鄭有人矣、夫鄭豈僅恃一裨諶而遂足畢為命之事哉、然一言其人、而已有大可見者、嘗謂小國之所賴以安全者、治賓客與治宗廟並慎其選焉、鄭有裨竈以上下說乎明神、亦既無怨恫於國矣、而自晉楚交爭以來、藉非有善其辭命者、亦何恃以圖存耶、吾乃於鄭得一人焉、曰裨諶、夫鄭國多材、而諶之為人、獨無所表見於春秋、意其人必所謂碌碌因人成事者也、（惜僭世叔三人裨出、中諶純無窮步）命亦綦難矣、非美秀而大者不能通古今之變也、而諶也不是、非周知四國者不能酌繁簡之宜也、而諶也不聞有是、非[illegible]

執徵以當強者不能言之文而行之遠也而諶也不聞有[illegible]乃以

以當日者執政擇能而使曰吾不如裨諶諸臣推轂而先亦曰吾（雖是第一人）

不如裨諶〻顧受命而不辭豈區〻一諶遂足以畢乃事哉夫鄭（右開）

之諸卿類皆出自公族固宜其諳練典故自克雍容於聘問耳乃（此股從裨字發論綽標摘抉步瑜鍊字呈卯遷錦）

諶也獨詳其氏則非若公孫公子之世執國命也朝廟之文章或

疑其非所素嫻然謀邑則否謀野則獲諶雖發跡庶姓將有諸侯（草創意引而不發）

之事恐七穆亦且謙讓未遑矣邾列國名卿類皆得以字通亦以（此股從諶字）

其言辭爾雅自堪炳耀於鄰封耳乃諶也獨著其名則非若單伯（發紓）

女叔之例得稱字也小國之〻夫或疑其無所短長然磨盈庭之

議而訕適野之謀諶雖備位大僚將問四國之為恐三良亦盡亦
之或先矣是以君子屢盟諶也憂鄭亂之未歇其明於內政而
○而○証○俱○有○精○理○
闢於外事擇善而舉諶也知鄭禍之將息豈其善言天命而拙於
○又○用○旁○襯○妙○切○鄭○事○
人謀夫一言而善鬷蔑執手於叔向而有裨諶在必且慨小人之
○更○切○為○命○
不才能斷大事馮簡子見稱於北宮然與裨諶乘則庶幸大國之
無討以諶為命雖觀成有待而慮始多功草創之任實與有微勞
焉

徑路絕而風雲通無中生有靈妙不測歸有鬼神異物陰來相
之
姚公桓

世叔子羽子產○皆係公族稱字○中幅從此發○間深一層須定[illegible]

之法○超以象外○得其環中○精思妙[illegible]○絕世無雙○朱[illegible]一

攝全節於二字中○芥子納須彌○具大神通○叔祖鐵山

遠引近觀○辭義鋒起○文無假節之意○此其取勢勝也○處處了就

第一人著想○草創意不待圖窮而匕首見○爲浦田

稗誌

禪諶草創　二句

江蘇齊學院月課
元和縣學九名　張溶

始基立而酌古以準今、兩美已見其合矣。蓋草創所以立始基、討則酌之于古論則準之于今也。為命而禪諶世叔是任、不已兩得其人哉。且秉國者之需于能謀能斷也久矣。然不自謀而以謀屬善謀之人。則其謀為更優。不自斷而以斷屬善斷之人。則其斷愈可。惜與國能授任之大凡也。而于辭令尤足尚焉。吾嘗觀鄭之為命矣。夫命之為也。莫患乎繁稱博引而無經營之卓識以植其基、又莫患乎率意孤行而無淹貫之鴻材以通其變。則甚矣失其權者。必以草創為首重。而其次莫如討論矣。憑虛而商尊主

注意子産取題

以緒交之華介分棋

計非區區規其大意則傾盡乎吾身之才力而才力竟莫可

亦無草創

特出其心裁則依違于當日之情形而情形轉多其窒礙乙命之

斯局

所以必需于草創也顧吾思國家有大疑難事盈廷皆無指畫

甚長拮据羅史事茲許

而一人獨不淡眾志不狥同官以倡其計議迨其後患起于邊隅

禍延于數世撫時者每追恨夫始謀之不善即為命何獨不然乎

然此特草創未得其人耳若鄭則有善用草創之人者以為非澹

暨鈞討論踵草創

野則獲之裨諶莫屬也蓋幽閑以濬其意緒雖有待于增華潤事

而約畧已攬其經維曠遠以拓其襟懷雖未資乎曲證旁參而識

蘊已經其開闢其在禮曰毋勦說毋雷同斯之渺慮沉心先討論

以爲其辭者殆已得其遺意矣謂非有經營之卓識者能造蘊而

須○叔○討○論○

樹睦鄰修好之規非蒐羅于金匱石室之藏則無以關于王制即國辭不能尊非精核于守經行權之術則有拂乎雄藩即屬階從此命之所以必需于討論也顧吾思國家當欲有爲時主上方重通才而一人獨根據成書敷陳頭畫以展其勳猷迨其後宸衷徵于上民怨沸于下持論者每太息于經術之誤人即爲命何獨不然乎然此特討論未得其人耳若鄭則有善用討人者以爲非羨秀而文之世叔莫屬也蓋胸貯數百代陳編則甚未來

凡○皆○華○

創○號○討○論○

純可操故寔以相質証中挾古聖賢微旨則章程粗就可以

以決從違其在禮曰則古昔稱先王斯之引經抗義繼草創其局者殆隱與之脗合矣謂非有淹貫之鴻材者哉由是而繁簡或未盡處其宜文章或無以煥其采責更有攸歸矣

劈分兩比題字逐層透抉其所以然渾樸中寓工巧平直處露光芒非有真實本領者不能辦　趙錫藩

晴提子產作主脚勢化板為靈議論洞悉古今無一筆涉經生家管見　朱敬識

裨諶草創　三句　韓菼

一命而三善先焉。有使之者也。夫誰執鄭政而委命於裨諶三乎。然自三子各展其長而命幾成矣。非擇能而使不及此。今夫襄國成者不可以一人廢衆人之思也。貴竭衆思以佐一人之不逮矣。夫衵國勢之亟而審辭令之宜。尤不能謀之即底於成者乎。惟盟廷交質至於再三而備皆出自衆智。斯蓋有兼收之而使之各盡者矣。吾何以嘉鄭之為命哉。自子皮授政而後晉楚之駕不至於交爭。知其皆慎辭之力。而自七子燕勞以還風雅之流多長於贈答。知一人執政之才。然則鄭之命獨為之乎。衆為之乎。

初月芙蓉

乎交相然乎一為之即畢乎次第為之猶未畢乎且夫命
言矣大國不加德音而數以要我其謂我敝邑不能豈謀也鮮矣（揣摩處參差古致）
討於始也其必不敢引前經講大義以抗我也不能以片言折我
以不可窮之辭服我也若是則草創也討論也修飾也非當為之
人命之來成之先者與乃鄭固有使之適為之者矣問誰草創裨
諶是任蓋於諶之適野而材之矣邑則踏築室之同野則有獨獲
之智諶善謀者也故任之當日者不敢擅衆人之長而第盡其大（遷替）
意亦不必俟在廷之議而已發所未聞諶之為與若同濟者也（必婿）
故以協諸盟府之藏則諶也謝不敏矣問誰諶論世叔是任蓋者

吉之間禮而器之矣辨升降揖讓之為儀審先王經緯之為禮吉
知古者也故任之當日者動援舊章示敬共大國之信亦參伍事
勢無拘守載書之嫌則吉之為與若曰斟酌簡繁以愜夫訓辭之
體則吉也讓未遑矣問誰修飾于羽是任蓋於揮之知四國而辯
之矣知族姓班位以悉其人知貴賤能否以得其情揮知今者也
故獨以行人官之當日者言或以約勝有慷慨質直之風言或以
詳勝有從容反復之雅則揮之為與若曰其風肆好道以彰行遠
之文則揮也亦猶尚有待哉辭命本屬一官分之三子而不慮其
深○豔○生○句
相侵此亦如公賦一詩焉以見志三子豈無他長其為一

虞其未合此亦如共製美錦焉以成章余聞之蓋子產為

引吭舉音其妙自循使聽者不能自任矣其隸事之多

白團扇亦應負之而趨

禪諶

禘自既灌而往者

文宗科試取進
同安李第二名　葉得春

聖人追念魯祭。若於既後有深感焉。夫禘重祭也。而祭自灌始。夫子念及既灌而往。殆有深感乎。且以祀事之從容尚也。質明行事。未日中而退。禮雖儀繁。必求至誠焉。而後即安。非侈尚禱節也。蓋誠念虛中以治。惟持一誠以貫乎始終。原不僅於秉圭執鬯畢乃事也。而吾乃不禁慨然於我魯之行禘矣。今夫祭必遍於祧毀壇墠之神。而禘不及乎別廟。祭必兼夫日月歲時之節。而禘獨舉以五年。禘之時義大矣哉。思昔元公勳在盟府。嘉乃丕績。用錫天典。魯是以有禘。禘抑吾聞之。祭有九獻。獻前曰灌。故禮重奠斝之典。

侍垂祼將之文其在周禮鬱人掌祼器鬯人供秬鬯此物此志也由是而後自堂徂基自羊徂牛迎尸薦豆廞有常儀為可繼也為有終也而吾魯君臣當日顧何如北方其未滿也蹌蹌濟濟跛倚衰形兼真誠未孚而黽勉從事未達孝告慈告之常道其方將也肅肅雝雝奉璋峨峨臺懌共稍弛而式禮莫愆猶存怵惕悽愴之慕由是而既滿矣既滿而往敬慎當更有加也而吾魯君臣於此文何如其僾見愾聞之思無精意以達之則其誠易竭念自齊明承祀以來飲五飲七與其儀饌六饌八殊其數禮以灌而始原不以進而終也時怨時恫之念寧我後人而或忽之而繼君與臣若

以盛典攸奉漫視為禮儀既備鐘鼓既戒之餘文報本返始之際稍懈怠以黍之則其終易倦念自駿奔對越以來堂事交乎嚮壁事交乎户灌之前不容寬灌之後何容假也致愛致慤之情寧我後人而或薄焉而凡百有司若以誠意已伸漫指為清酒既載騂牡既備之末節噫既灌而後間有如前之蹌蹌濟濟者乎否也間有如前之肅肅雝雝者乎否有也靡不有初鮮克有終言念及此為之深感

禘嘗之義

劉特曾

義莫重于禘嘗更可為闡之者進按实盖禘嘗有義而義正于禘嘗雖其本、[illegible]與郊禘[illegible]禮而俱明哉且事不得其宜而義起焉顧欲扮[illegible]乎義之歸矧王[illegible]本反始之誠自嘗與明天[illegible]顧其名者復能通其義則遞推其昭察之神正可統御其精誠之寄矣豈特郊社之禮宜明哉闡之禮[illegible]者祭其始祖所自出之帝而以始祖配之謂之禘至于四時之祭則有禴有祠有烝嘗其一也夫言禮而不及義宗廟已蘊乎義之精推義而後明乎禮禘嘗豈循乎禮之迹然而禘嘗之義所以不

明者亦自有說持穿鑿之論者則泥乎禘嘗之中而求其所為義
也夫強探其解義且臣而愈封矣試觀東向南向有其文偏滋後
大禘東向或主祭祥或推
人之聚訟分食合食區其制更開衆議之紛紜亦之彼此異辭証
劉業　王制禘祫或以為祫祭禮盛或以為禘祭禮盛
之他書而多繆初終殊見反之已意而難安而先王水源木本之
思所謂無引不神之求安在乎不知義為禘嘗自然之裁制亦即
人心共喻之裁制而穿鑿以為嘗者即使立說可通亦祇識禘嘗
之文而未識乎禘嘗之義也況乎其文亦不易審也而何能曠若
發矇欲一假附會之說者則離乎禘嘗之外而求其所為義也夫強
鄭氏據魯禮推測尤多附會
綴以詞義終遁而莫獻矣試觀祫禘占禘紛其制說以錯出而愈

嘗者時祭之一也其禮較禘為輕其義與禘並重由畢而溯之庶
人有魚炙之薦士以特牲而不諏日大夫以少牢而必筮向[illegible]儀
則以王事而麇一祀焉甲子以前武周之嘗諸侯也渡河以後武
分曉
周之嘗天子也灌則黃彝斝彝獻則著尊壺尊禮則旅酬六尸樂
則象箭清廟愾乎有聞僾乎有見所謂霜露既降君子履之必有
悽愴之心者此爾此雖報本不上追帝嚳配享不遠溯后稷而制
縮上
作之精實與禘同要之非淺見者所能明也見夫明之者非徒識
原評○本詩序
其儀文將必通其志氣也詩曰有來雝雝至止肅肅可以思禘之
義焉又曰禴祀烝嘗于公先王可以思嘗之義焉明乎禘則一人

之心直合乎高辛氏之心明乎嘗則一之心直合乎十五王之心明乎禘嘗則一人之心直合乎武王周公之心而明之者誰與

情魯事反拓縱遠書覺闢

嗟乎禘之失久矣我魯以諸侯而禘于莊公禘于武公又何所取義乎若秋而載嘗未嘗不見于閟宮之詩此諸侯之祭而非天子之祭也有時如祫之禮與禘嘗之義乎于治國何有

清曠疏遠氣味絕似欒城大士考原評

搬演禘嘗故實搦管可得數葉紙也運用處都與通章本旨貫串是中庸義疏不是三禮辨駁解人固應如是才人固應如是

吳青于

禘嘗之

辟如天地之無不持載

九名　毛士潔

擬聖人於天地其配者可先及也蓋無不持載者地而天則與之俱為持載者也仲尼之無不持載亦如之其為體不既博哉且自扶輿靈淑之氣鬱積而生聖人是在天固畀以扶植彝常擔荷

從源頭說起精確持載

世教之責者也後之人即其任道之非常想其篤生之不偶覺大有同符者自無疆之克應矣吾嘗以辟我仲尼今夫聖人者肇生之所托命則立達不可無其才衆理之所會歸則仔肩不可無其具春秋而有夫子其所持本獨尊其所載有其原從祖述固

遞脈自真

難並其事後所憲章更莫至于焉本其襲律而象

其體量之花花天地寧足以以載而吾于是且由由然喻天

○持載神話

地者而先辟之于地忌天下繫牖之會非其力足以相肩則孰能

心說○是正論

運之之也靡易而地則鑿之無或逾者也四維之所運順以為行行

持之常屬于地地者天不必尸其功而天寬何以以不始其事也本其

○剛○餘○有○態○

大始始紀紀仍成則以以為天地之無不持焉已矣天下重遠之任任

其體足以相當則受而容之也易蹶蹶地則承之無或溢者也重

質之所凝翕而能受其載之獨司于地者天不必貸其權而天寬

何嘗不先其理也本本下濟者以以上行則亦以以為天地之無不載

○時落仲尼有次○　○實○說○

焉已矣而仲尼何如者地之道主于直而仲尼則以以主敬者存存之

辟如天地之無不持載　毛士潔

神明齊慄之地積之一物不容而百務之紛紜卒不能外吾乃焉以為樞紐蓋敬之法也猶是誠之效天而即事而致其序者亦猶是地之順承而無失墜也亦何妨先乎天以明其本矣地之道主于方而仲尼則以行義者配之因應成宜之妙措置各安其常而全體、渾收要不能離夫義焉以為質乾蓋兼以應地亦猶健之承天而隨事而得其宜者亦猶是地之無成而代有終也更何妨合乎天而擬其象矣再觀之撫不覆幬而天之能事又可為之辟也其體量不亦大哉

持載只就也講正見老眼

辟入天字皆有確

昌疏　配之

之論

法以理運理到而法自隨之其

辟如天地之無不持載　　一名　李清

先即持載以為辟而堅固在天地間矣夫地之持載即持載也仲尼如之此迺其一端之可先見者今夫俯視焉廣漠在目（下持戊入手）者極品類之雜陳而有以承受凡履地者皆知為地之事而亦可（即地出天最为清晰）知為之事蓋地固承天有也人立于地無能有際于天而以若（一括仙岱崙）可參天地其事固有甚全而即其所比擬于心者天早已因之而俱見吾于仲尼祖述憲章上律下襲者進思之以為其道之全固將進天地而窺之而仰觀俯察思以盡窮其氣象而其道之厚（先山持載）先可得天心而驗之而近瞻遂隔早已畧得其規模夫不有所謂

持載〻茫〻乎其測之無底望之無際者則有地焉地則蒼〻而
（乃也載題　清　思調起伏）

準以持載為事順以為受而藏于其中極河海之深〻相承而

加乎其上有華嶽之重所最難勝者已任之而裕如而凡在于地

者其傑然而起有為之狀而寔地為之狀其傑然以安有為之措

而寔為之措試觀天以下有一之能外地而處者乎無有也則

地之無不持載也蒼〻乎其遠而無極近而即是者則有天焉天
（二比天之持〻包地講）

自有事而亦以持載為事地所藏者河海而順以為受固受天而

藏也地所加者華嶽畢以相承固承天以加也所最難勝　自卩
（清言遠理）

有之而同任而凡在于地者其傑然而起地為之狀而亦　良天納

之扶其恬然以安地為之措而亦即天為之措試觀地上有一
之不奉天而若者乎有也則天地之無不持載也洋洋溥
焉而橫置焉而實之則有仲尼焉仲尼之事不一而持載固其益
不必如地之順受而所藏自極河海之富不必于天而相承而所
加何之華嶽之重所最難勝者已荷之若無而凡在于地者
傑然而起坤承天以為扶而非仲尼無與為扶其恬然以安地順
天以為措而非仲尼孰與為借試觀天地間有一之不為仲尼所
莫着乎無有也則仲尼辟如天地之無不持載也故今天地而分
言之則山沂凝承固于天而分其職而從博厚一觀其氣象于仲

尼之所謂々者祇可謂之函地而自天地而合言之則地亦莫麗
非外天而有其功而就涵覆一思其精蘊于仲尼之所充周者固
可濟言其如天夫人覆地者無不載天之與地為持載而又自有
其覆幬不能外天以言地亦無容別地以言天可進而全觀仲尼
矣

持載屬地事題無言天遂用斡旋組合之筆却于理不礙立
局奇創望之如海上三峯烟雲環繞
是題不可無者然易于穿鑿文中用三比格奇想亦必合
本句渾然語氣斡旋妙手

辟如天地之無不持載　十二集選本　閩道臺觀風莆田縣學超等一名　宋兆元

聖心一天地已極其載之量焉夫地道承天無不載也仲尼之於天地不已得而譬之哉今天莫載者其道之費乎本之宥密而決乎無（借來恰合）際放之六合而未始有窮道真莫能載乎雖然有載之者矣孰載之（從上文唱起載字如潮忽湧）曰祖帝者載之宗王者載之上律下襲者更無不載之其惟我仲尼（側筆如起）乎其辟如天地乎蓋高非天而惟地實配之謂地無厚而惟聖實如（詮題）之一終古無坤元九州曷以安奠千古無仲尼宇宙曷以彌綸周徧者（處處詞簡義豐）其光大耶容保者其含弘耶一理不遺者撮土具區方之撰耶象理悉備者廣厚散奠麗之宏耶地不愛道故河則有圖洛則有書聖亦

職載故當年莫殫舉世莫窮蓋無私載者地道順以承天而無不載者仲尼畢以法地信乎地道一天道也聖道一地道也則謂地之如天也可則謂聖之如天地也亦可一如其不然載之而重孰仰高山載之而洩孰推河海載之而小孰窮畔岸載之而險孰履景行鳥所稱配地乎尚可言配天乎迨觀夫無不覆幬而仲尼之於天地也如乎不如

又用斡旋語有筋兩 分合脫卸無不如意

他作俱識住天地畢竟如地之無不持載于理未嘗不合卻不肖題面文說地承天仲尼如天地既不礙理又能肖題講理尤有游行活潑之致 李惠時

有尾

看其側入處脫卸處鮮補處綰帶處無一非法而無法不活僚之於九秋之於奕殆不足喻也會伯黃庭閱

辟如天

群居終日　一章　　陳際泰

聖人雖群居者以其所習非也夫習不可不慎也群居終日而所言所好如此能無及乎且夫人最忠在以小人之實而託君子之（作者胸中書○實齊亦占）名游談自肆徒黨相師而風俗壞禍端從矣吾於世之群居終日者竊有以畏其不終也夫人各思立事要當自惜分陰散營厥職（只○數○首○四○字○行○徑○便○甚○玄○讀○者○當○循○省）安得廢而為閑曠之游夫人即有聚首亦當共乘時際商略所宜安得縱而為高廣之論而彼固不然也彼召好名之徒而與之有（實是此集）實者不至其為標榜之目而道之大體者不知終之所言非者及於義也並肆之說倂為小慧之所流而彼且深溺矣終日所行非（二句○串）

小題七集考卷集上　論語　學

談理自無碍

有及於義也猥瑣之行僅爲小慧之所形而彼且沾沾矣一夫突亂

正見無滋而可　弦外虛如

之世瑕釁易生修謹言行猶慮有失也而彼顛覆耶抑盛明之時是

然博莫道俗五

肆尤矜綜核名實誠難自許也而彼碩鬻耶一即萬一免也既已遍

名論卓立

薄於當年風類於百代矣是以庸名方盛知幾之士已絶而不交

稱變相尋充論之言正是而乃驗鑿則群居終日者安可不慎也

非罵也誨也言如箴銘其意則垂涕泣而道　儲同人

慧啓事自云吾獲傳論皆有精意深旨先生此文殆亦無魚

而作宜其感喟激昂理趣都與神似也